난(蘭)과 함께 고상한 취미를!!

난/蘭 동양란 서양란

컬러화보 / 사진해설판

편집부 편

도서출판 은광사

▲ 홍양(紅陽)

◀ 금화산(金華山)

동광
(東光) ▶

◀ 광림
(光琳)

▲ 서신매 (西神梅)

◀ 녹운 (綠雲)

▲ 천향홍(天香紅)

◀ 자보(紫宝)

▲모정 (慕情)

◀촉광금 (蜀光錦)

▶천자황(天紫晃)

◀일륜(日輪)

▲C. 오렌지 타이카

동양란과 양란 가꾸기의 모든 것!!
蘭기르기입문

편집부 편

• 머리말 —

명화(名花), 명품(名品)을 만들기 전에

　영묘 무한한 아름다움을 간직한 꽃의 색깔과 모습, 그리고 신선한 백색·황색·녹색을 나타내고 있는 천변만화의 잎모양—난(蘭)에는 보는 사람으로 하여금 순간적으로 매혹시키는 신비적인 아름다움이 있읍니다. 그러므로 난(蘭) 기르기를 즐기는 사람, 키우고 싶어 하는 사람이 해마다 늘고 있읍니다.
　그 반면에 〈난(蘭)을 키우기는 어렵지 않을까?〉 하고 생각하고 있는 사람도 적지 않을 것입니다. 그러나 기초적인 지식과 배양 기술을 몸에 익히고 비교적 무리없는 성질이 좋은 것부터 시작하면 난(蘭)이라 해도 절대로 어려운 것은 아닙니다. 경험을 쌓게 되면 차츰 자신을 가지게 될 것입니다.
　그렇게 된 단계에서 자신이 좋아하는 명화(名花)·명품(名品)을 입수하는 것이 돌아가는 것 같지만 사실은 난(蘭)을 기르는 기술에의 지름길이 되는 것입니다.
　이 책은 처음으로 난(蘭)을 기르고 즐기는 사람들을 위해서 배양법의 포인트와 각종 난(동양란과 양란)의 대표적인 품종을 모두 사진으로 소개하고 해설한 것입니다. 명화(名花)·수화(秀花)로서 이름있는 참 모습을, 또 섬세 극치의 잎모양을 보며 즐기면서 이 책에 의해서 난을 기르는 첫걸음을 내딛어 보십시오.
　난(특히 東洋蘭) 중에는 불과 2~3시간의 이리조로서 잘 자라는 종류도 있어 실내의 그린 인테리어로서 수시로 즐길 수 있읍니다. 녹색 공간이 적어져 가는 현대의 생활 장소에 온화하고 윤택한 휴식을 제공하게 될 것입니다. 이 책은 그것을 위하여 도움이 될 것을 바라고 있읍니다.

편자 씀

― 차 례 ―

- 머리말 ―― 명화(名花), 명품(名品)을 만들기 전에 ———— 13

전편 / 동양란(東洋蘭) 가꾸기 입문
처음으로 동양란을 기르는 사람에게 ———— 21
동양란이란 ———— 22
동양란의 매력과 즐기는 법 ———— 25
동양란을 구입할 때는 ———— 28
재배 방법의 포인트 ———— 31
여러 가지 용구와 사용법 ———— 35
동양란의 대표적인 종류 ———— 41

일본 춘란 ──────────────────────── 42
    홍양 / 금화산 / 동광 / 광림 / 천향홍 / 자보 / 천자황 / 일륜 / 경파 /
    봉황전 / 군기 / 정관 / 신농 / 윤파 / 금파
중국 춘란 ──────────────────────── 58
    서신매 / 대부귀 / 용자 / 녹운 / 여호접 / 주순취 / 부순춘 / 남산설소
    / 옥산소 / 송춘 /
한란(寒蘭) ──────────────────────── 68
    모정 / 유광 /
혜란(惠蘭) ──────────────────────── 72
    상원황 / 학화 / 서옥 / 서황 / 양로송 / 조양 / 봉 / 봉래화
금릉변란 ──────────────────────── 80
    부용금 / 천대전금 / 상반금 / 월장 /

장생란(長生蘭) ──────────────── 86

　홍목전 / 금학 / 홍작 / 홍소정 / 어다하황복륜 / 금모란 / 은룡 / 부사환 / 대동호 / 소대 / 자신전 / 촉광금 / 천사환 / 자금성 / 흑목단 / 천녀관 / 금두 /

부귀란(富貴蘭) ──────────────── 98

　경하 / 어염영 / 천혜복륜 / 수정복륜 / 서출도 / 동출도 / 설산 / 청해 / 옥금강 / 조선철 /

후편 / 양란(洋蘭) 가꾸기 입문

양란(洋蘭)의 대표적인 종류 ──────────── 111
　양란에 대하여 ──────────────────── 112
　카토레야 ──────────────────────── 113

신비지움	131
덴도로 비움	137
소형 양란	147
양란(洋蘭) 기르기의 기초 상식	**165**
원산지와 양란의 성질	166
겨울에 두는 장소와 환경 조성	168
가정용 양란(洋蘭) 온실	175
양란의 선택 방법	182
물주기의 기본	185
비료 주는 방법	187
옮겨 심기 · 줄기 가르기	190
양란의 병과 해충	204

전편(前篇)

동양란(東洋蘭) 가꾸기 입문

● 화분을 두는 장소

여름에는 베란다나 빨래 너는 장소 같은 곳

겨울에는 따뜻한 복도 같은곳

처음으로 동양란을 기르는 사람에게

동양란(東洋蘭)이란

동양란이란 중국·한국·일본 및 대만의 온대에서 아열대에 이르는 지방을 원산지로 하는 원예종으로서 일반적으로 난(蘭)이라고 부르게 되었다. 이에 대해서 열대산(熱帶産)의 난(蘭)은 주로 서양에서 동양으로 재배법이 소개되어 서양란 또는 양란(洋蘭)이라고 부르게 되었다. 같은 동양산(東洋産)이라 해도 필리핀, 타이, 인도 등 열대 아시아 원산지 난을 서양란에 넣는 것은 그것 때문이다.

이것은 식물학상의 분류가 아니며 도래한 역사나 재배 방법이 명확하게 다르기 때문에 원예적으로 분류하여 일반적으로 서양란이라고 부르게 된 것이다.

동양란에는 어느 정도의 내한성이 있어 이렇다 할 설비가 없어도 재배할 수 있으므로 옛부터 많이 재배되어 왔다. 그러나 서양란은 그 태반이 원산지가 열대이기 때문에 월동을 위해서 보호가 필요하며 그 점이 재배상에 큰 차이가 있다.

동양란(東洋蘭)의 종류

동양란의 원예 품종은 3천 종류가 넘는다고 알려져 있으나 식물학적으로 대별하면 ①신비지움속(屬), ② 덴도로비움속(屬), ③ 안그레감속(屬)의 3계통으로 분류할 수가 있다. 그것을 원예적으로 그룹별로 분류해 보면 신비지움속이 주체가 되어

① 중국춘란(中國春蘭), 일본춘란(日本春蘭), 한란(寒蘭), 혜란(惠蘭), 금릉변란(金稜邊蘭)[신비지움속]

② 장생란(長生蘭)[덴도로비움속]

③ 부귀란(富貴蘭) [안그레감속]

의 7종이 인기가 있어 애호가도 많다. 그 중 장생란과 부귀란은 야생란(野生蘭)이다. 또 춘란(春蘭)에는 꽃 형태나 색깔이 다채로와 변화를 즐길 수 있는 것과 잎의 반점이나 줄무늬의 다양한 아름다움을 관상 대상으로 하는 것이 있어 재배법도 각각 다르다. 중국춘란, 한란이 관상화로 대표적인 화초이다.

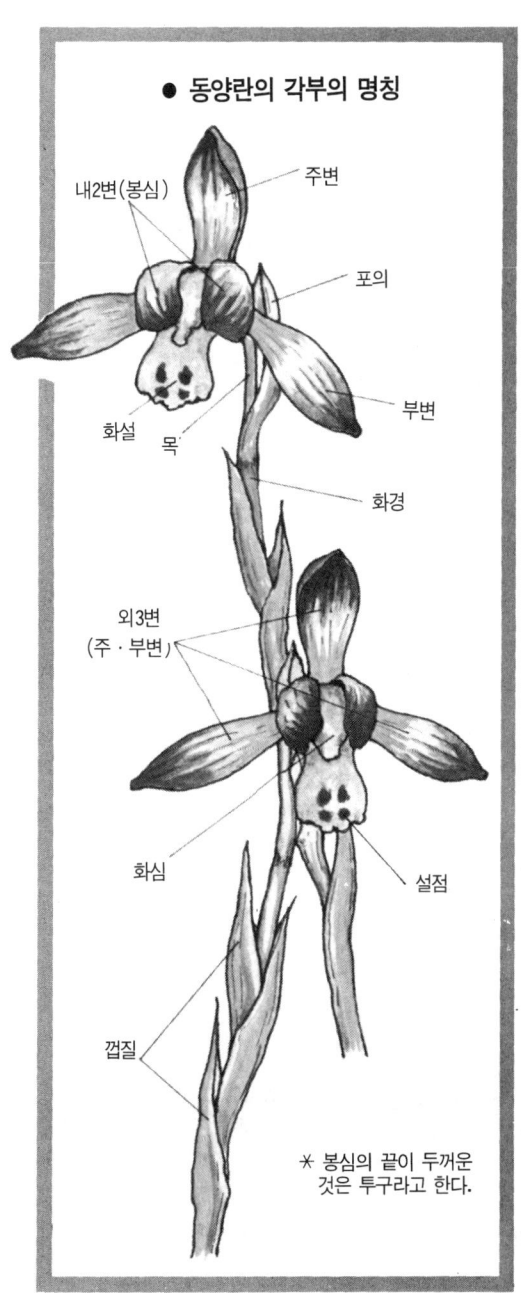

* 봉심의 끝이 두꺼운 것은 투구라고 한다.

동양란(東洋蘭)의 성질

춘란, 한란, 혜란, 금릉변란은 산지의 양지쪽 경사지의 낙엽이나 수목 사이에 자생하고 있는 것이 보통이다. 즉 봄부터 초가을까지는 주위에 무성하게 자라고 있는 수목의 잎에 의해 강한 직사일광이 차단되므로 비교적 시원스럽고 사면이 되어 있어 배수가 잘 되는 환경에 자라고, 겨울에는 수목의 낙엽에 덮혀 있어서 혹한을 이겨나가 월동하게 된다.

장생란과 부귀란은 바위나 큰 나무의 몸줄기에 뿌리를 내려서 자란다. 이른바 착생란(着生蘭)의 일종이다. 뿌리의 지나친 습기를 싫어하고 공중습도가 높은 장소를 좋아하는 성질을 가지고 있다. 겨울에는 잎이나 뿌리는 직접 추위에 노출하고 있기 때문에 될 수 있는 데까지 수분을 방출하고 동결을 방지하면서 동면한다.

● 꽃모양의 여러 가지

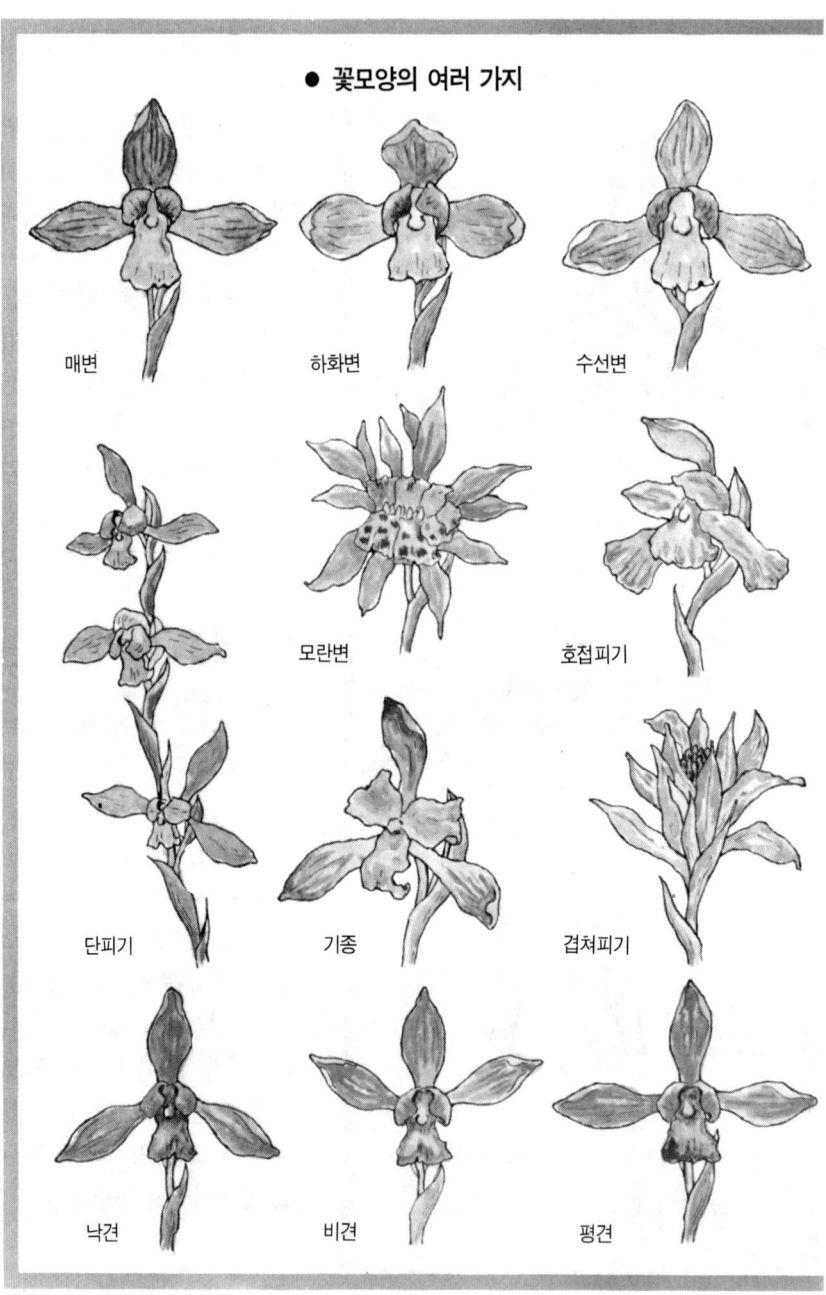

동양란의 매력과 즐기는 법

 산뜻하고 잎의 보드라운 곡선미, 영묘 무한한 꽃 형태와 색채, 실로 난은 '우미 수려(優美秀麗)'라고 하는 표현이 적합하다. 서양적인 화려함은 그다지 없으나 그 이름처럼 동양적인 신비성까지 느끼게 하는 식물이라고 해도 될 것이다.

4계절을 통해서 즐길 수 있는 꽃
 같은 난이면서도 종류에 따라 꽃이 피는 시기가 다르므로 거의 1년 동안 끊임없이 꽃을 보고 즐길 수 있기 때문에 다른 식물에는 없는 큰 매력이라 할 수 있다. 즉
 중국춘란, 일본춘란(1경 1화)은 2월~4월, 중국춘란(1경 9화)은 3월~5월, 장생란은 5월 6월, 부귀란은 6월~7월, 한란은 10월~1월에 핀다.
 그 꽃을 감상하는 방법은 주·부(主副) 3변의 크기가 같으므로 안의 2변이 단정하게 붙어 있으며 그 끝의 두께에 가장 아름다움이 있는 꽃으로 되어 있다.

다양성이 풍부한 잎모양
 잎을 관상하는 일본춘란, 혜란, 금릉변란 등은 아름다운 잎 모습을 1년을 통해서 볼 수 있다. 더구나 광택이 있는 짙은 녹색 뿐만 아니라 넓은 잎, 가는 잎, 다양한 무늬 등, 실로 여러 가지로 변하면서 그 모습을 보여 준다.
 꽃 모양을 관상하는 난도 난의 형태나 잎의 무늬를 관상하는 종류는 많으며 그 어느 것이나 한 종류를 자신의 취미대로 선택하는 것이 좋다. 그러나 때에 따라서는 여러가지 다양하게 키워 보는 것도 난을 즐기는 방법의 하나라고 생각된다.

동양란은 강인하다
 동양란의 좋은 점은 체질이 강인하다는데 있다. 거의 설비가 필요없다. 어디에서나 즐길 수 있으며 환경의 변화에도 비교적 순응한다. 그러므로 특히 초보자로서는 반가운 일이다.

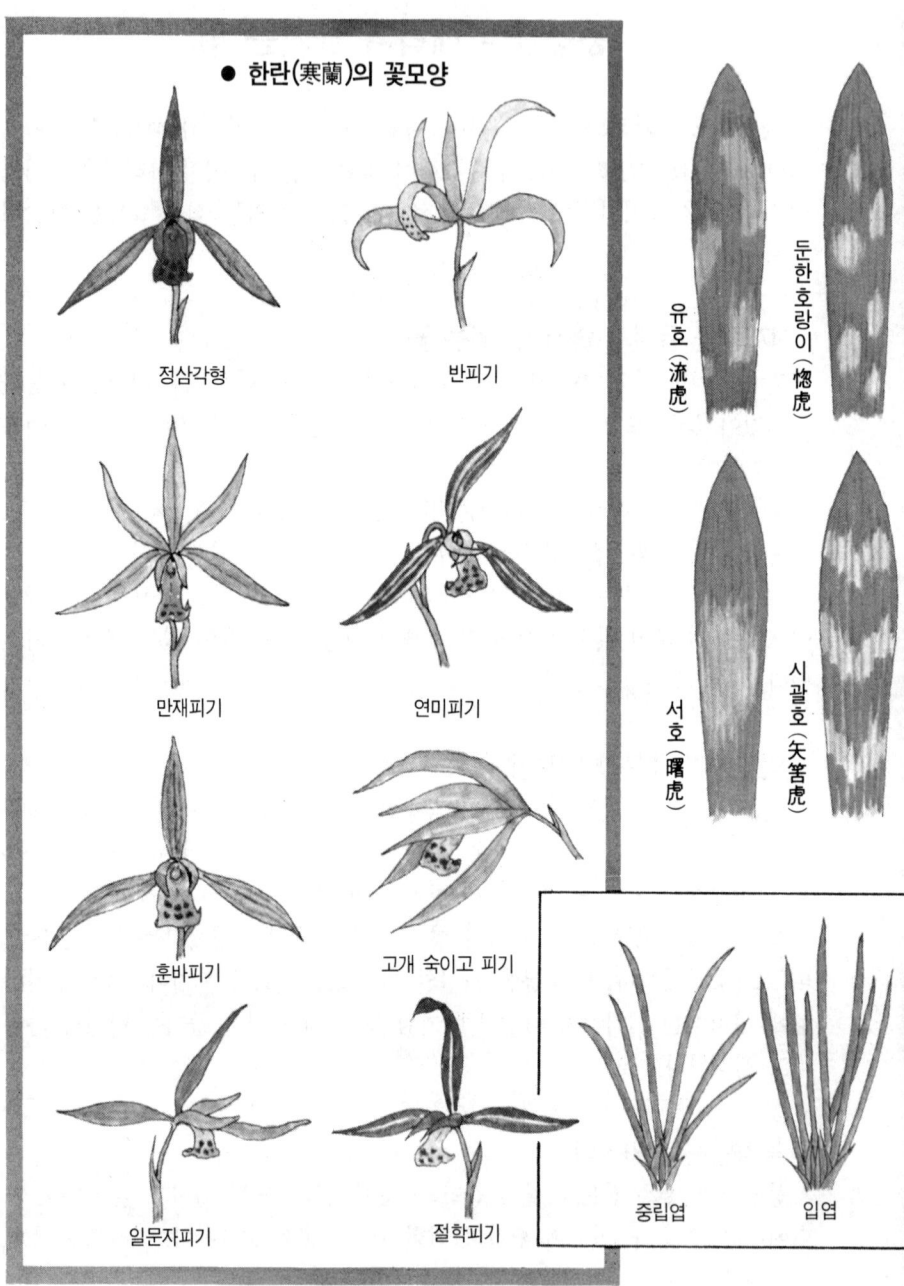

● 잎모습의 여러 가지

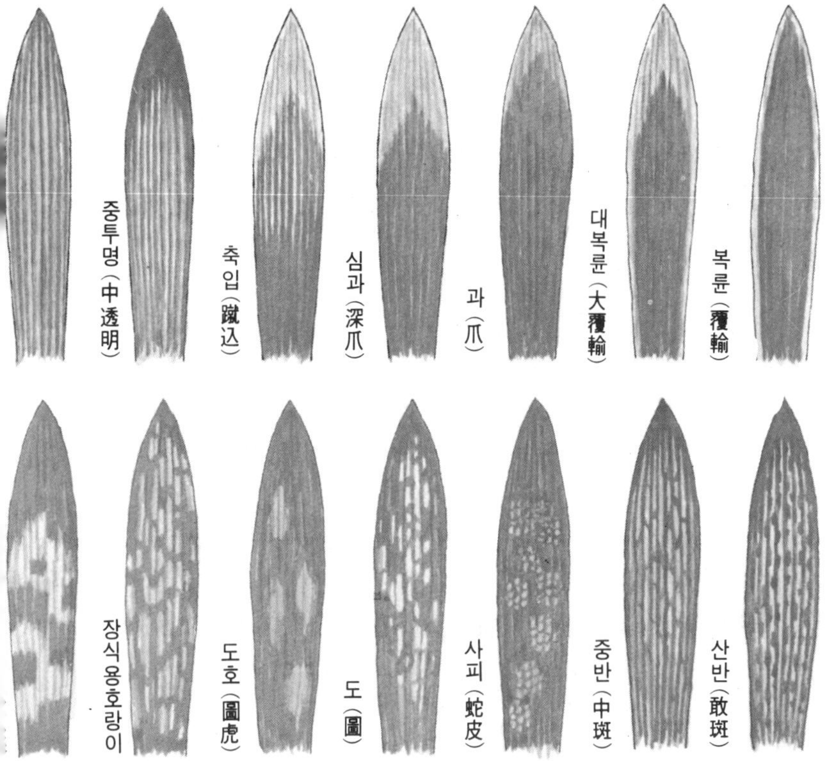

중투명(中透明) | 축입(蹴込) | 심과(深爪) | 과(爪) | 대복륜(大覆輪) | 복륜(覆輪)

장식용호랑이 | 도호(圖虎) | 도(圖) | 사피(蛇皮) | 중반(中斑) | 산반(散斑)

● 잎모습의 여러 가지

중수엽 | 하수엽 | 권엽 | 상향엽

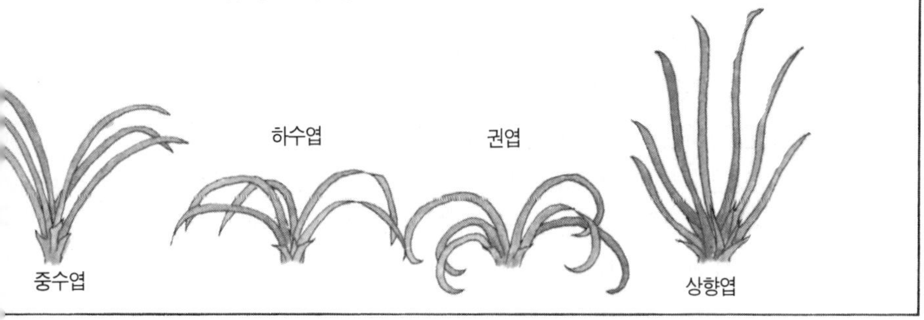

동양란을 구입할 때는

우선 구입하기 전에
우선 난을 키우겠다고 하는 사람은 첫째로 건강한 품종을 찾아야 하며, 또 일반적인 것을 선택해야 한다. 가령 하나의 화분이라도 실제로 키워보면 난의 성질이나 생육 상태 등을 서서히 눈으로 보고 알게 될 것이다.

다음은 취미를 가진 종류, 예를 들면 중국 춘란이면 중국 춘란의 1종류만 구입한다는 것이다. 한 마디로 동양란이라고 해도 종류에 따라서 각각 성질이 다르므로 같은 방법으로 키운다면 좋은 결과를 기대할 수 없다.

우선 키우고 싶다고 생각되는 종류에 대한 관수, 놓을 자리 등 기본적인 지식을 익히고 2~3개 정도의 화분을 키우면서 그 동안에 난을 재배하는 베테랑에게 체험이나 요령을 듣기도 하고 재배장을 견학하는 것도 난을 키우는 지름길이 될 것이다.

언제 구입하면 좋은가
춘란이나 한란과 같은 꽃은 관상의 대상으로 할 때는 개화기를 선택하는 것이 무난하다. 실제에 꽃 모양과 색깔을 확인할 수 있고 꽃이 피어 있다는 것은 잘 자라고 있다는 증거가 되기 때문이다. 난 뿐만 아니라 다른 화초도 개화기는 약간 비싸지만 초보자에 있어서는 안심하고 구입할 수 있는 방법이 될 것이다.

꽃을 관상하지 않는 난은 가을의 10월 경이 구입 적기가 된다. 왜냐하면 1년간 자란 난이기 때문에 건전하다는 것이 증명되기 때문이다. 더구나 그때가 되면 이미 새 싹이 나오기 때문에 내년 봄에는 건강한 새끼를 볼 수 있게 되고 난을 키우는 즐거움을 경험하게 된다.

그리고 하기(夏期)에는 구입하지 않는 것이 보통이다. 동양난에 있어서 제일 좋지 않는 환경은 하기이며 그때 변화를 주게 되면 더욱 곤란하게 되고 구입한 쪽에 있어서도 난을 키우는데 숙달되지 않고 있는 상태에서 더운 시기에 키우게 되기 때문에 실패하기 쉽다.

좋은 난의 식별과 선택 방법

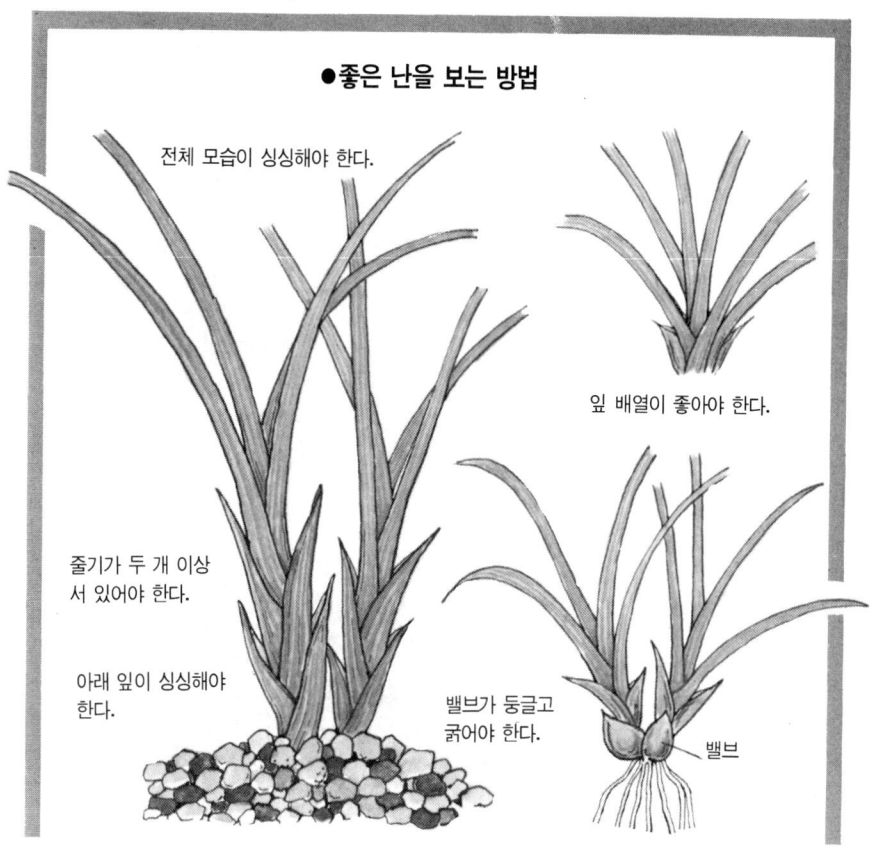

●좋은 난을 보는 방법

전체 모습이 싱싱해야 한다.

잎 배열이 좋아야 한다.

줄기가 두 개 이상 서 있어야 한다.

아래 잎이 싱싱해야 한다.

밸브가 둥글고 굵어야 한다.

밸브

처음으로 난을 키우는 사람에 있어서 묘가 건전하다는 것이 무엇보다 중요한 조건이 된다. 여기서 그 식별 방법을 몇 가지 기술하기로 한다.

① 밸브가 굵어야 한다.

충분히 일광을 받고 자란 난은 밸브가 둥글고 잘 팽창되어 있다. 반대로 가온으로 의해 자란 것은 밸브가 가늘고 어딘지 힘없는 인상을 받게 된다.

② 잎이 많아야 한다.

잎이 많아야 하고 그 모습이 단정해야 한다. 좋지 않은 난은 잎이 적어 초보자로서 키우기는 우선 무리라고 보는 것이 좋을 것이다. 가령 취미가 있는 종류라 해도 삼가해야 할 것이다.

③ 줄기가 두 개 이상의 것이 되어야 한다.

줄기가 두 개보다 많고 뿌리 바로 위의 줄기에 힘이 있어 보이고 싱싱한 것도 보아야 한다.

④ 잎의 광택이 좋아야 한다.

잎에 윤택한 빛이 없고 힘이 없어 보이는 것은 뿌리에 결함이 있는 경우가 많아 무사히 기르기는 어려울 것이다.

구입 방법

동양란을 구입할 때는 다음과 같은 몇 가지 방법이 있다.

① 전문가로부터 구입한다.

동양란을 전문으로 취급하고 있는 업자는 전국에 있으며 구입처로서는 제일 많은 케이스다. 종류나 화분은 규모에 따라 다소 차이가 있으나 될 수 있는 대로 가까운데 있는 업자쪽이 재배상의 상담을 하기 쉽다고 하는 장점이 있다.

② 통신판매에 의해서 구입한다.

가까운 곳에 전문 업자가 없을 경우에는 통신판매에 의해서 구입할 수도 있다. 카탈로그를 보고 주문하게 되는데 품종 등에 대해서 잘 연구한 후에 주문해야 한다.

③ 애호가로부터 입수한다.

애호가로부터 분양받는 케이스다. 이것은 종류가 한정되어 있다는 결점이 있다. 그러나 재배상의 지도를 받기 위해서는 가장 좋은 구입법이 된다.

재배 방법의 포인트

동양란을 건전하게 키우느냐 못하느냐의 키포인트는 〈환경조성〉 한마디로 충분하다. 환경이 난의 생육에 적합하다면 큰 실패를 초래할 일은 없다.

어떤 장소에서 키우면 되는가

난을 키우는데는 충분한 일조와 통풍이 좋아야 하는 것이 제1조건이 된다. 거기다 공중 습도가 높으면 말할 것도 없으나 이 세 가지가 자연적으로 구비되어 있는 장소를 찾기는 무리다. 그러므로 습도만은 인공적으로 연구해야 한다.

● 화분을 두는 장소

여름에는 베란다나 빨래 너는 장소 같은 곳

겨울에는 따뜻한 복도 같은곳

동양란을 놓는 장소는 아침해를 잘 받는가 어떤가에 가부가 결정된다. 동쪽에 장해물이 없는 장소를 선택하고 여름의 강한 직사일광을 막는 연구만 하면 특별히 어렵게 생각할 필요도 없다. 베란다나 옥상에서 난을 키우며 즐기고 있는 사람도 많다.

온실이 없어도 키울 수 있다

난이라고 하면 온실이 없으면 월동이 불가능하다고 생각하고 있는 사람이 있으나 절대로 그렇지 않다. 햇볕을 잘 받는 마루같은 데 내놓아도 월동시키는데 충분하다.

난을 키우기 시작한 당초에는 화분이 적을 것이며 동기에는 관수의 회수도 3~7일에 1회 정도이기 때문에 마루나 창가에서 키워도 무방하므로 그다지 어려운 것은 없다.

난을 키우는데 차츰 숙달되고 화분도 많아지면 아주 간단한 온실을 만들고 봄~가을은 문 밖에서 키우고 겨울만 온실에 넣도록 하면 이상적이다.

선반을 만드는 방법

동양란은 화분이 더러워지는 것을 방지하고 또 화분의 바닥 구멍에서의 통풍을 도모하기 위해서 땅에서 50~80센티 높이에 놓는 것이 보통이다. 그 선반은 틈이 있는 판자나 철망 또는 파이프로 만든 것이면 좋다.

춘란과 한란은 선반에 평면적으로 줄을 지어 놓고 키울 경우가 많고 혜란의 경우에는 3~4단의 계단식 선반으로 키우고 있는 사람이 많다. 또 착생란인 장생란과 부귀란은 파이프 선반에서 키우는 예가 많다. 이것은 화분이 많은 경우의 일이며 처음에서 어디라도 장소를 옮길 수 있는 구조로 만들면 된다.

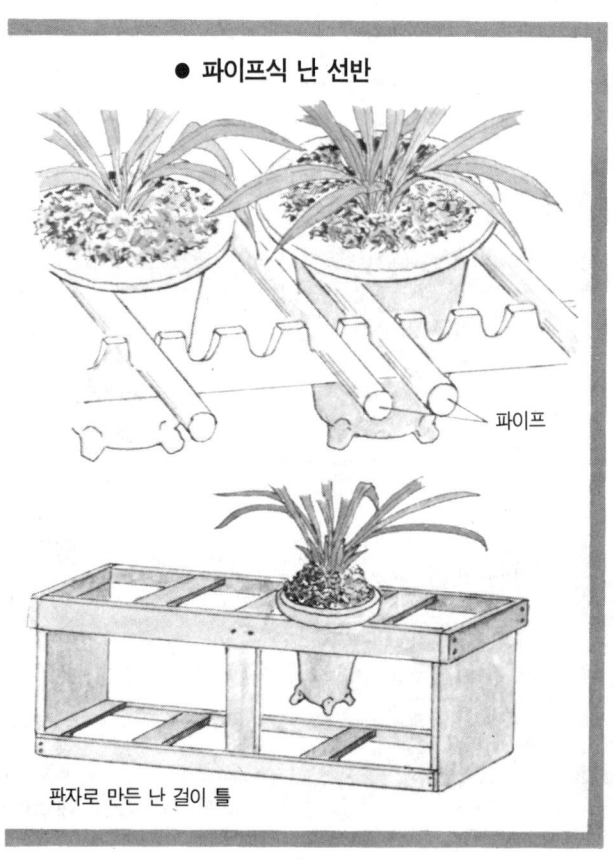

● 파이프식 난 선반

파이프

판자로 만든 난 걸이 틀

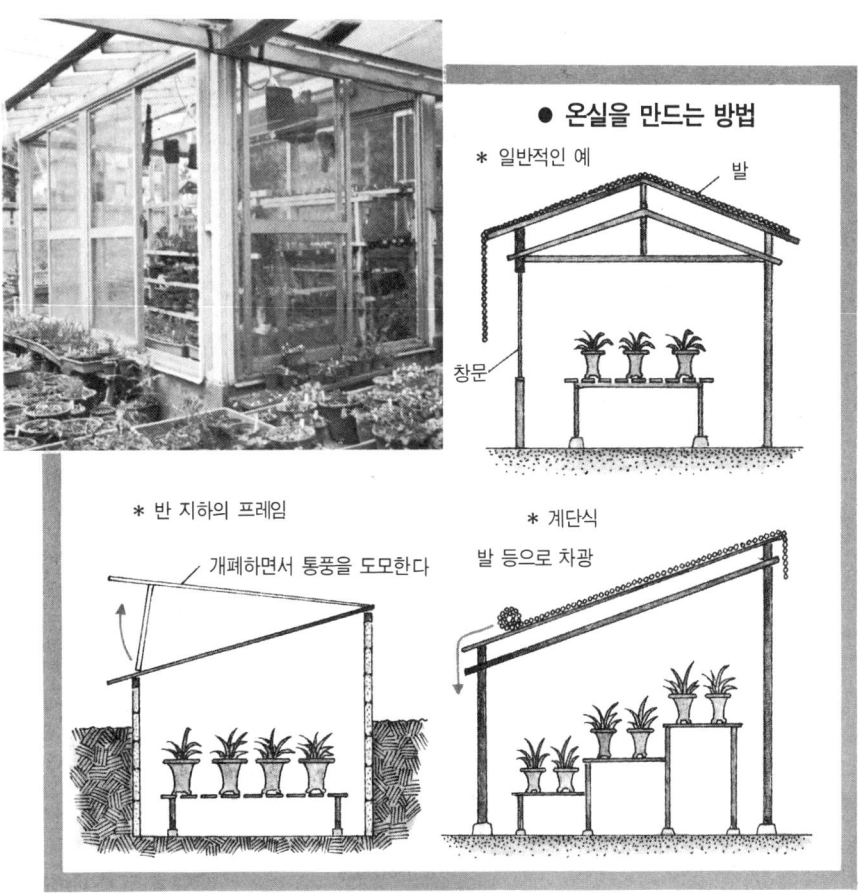

온실을 만들 때는

종류도 화분도 많아졌을 때를 위해서 간단한 온실을 만드는 방법을 알아보기로 한다. 최근에는 알미늄샷시의 규격품이 있는데, 일요일 같은 날에 충분히 만들 수 있다. 동양란은 여름철의 오후의 햇볕은 금물이다. 따라서 동남으로부터 충분히 채광할 수 있는 장소를 선택해야 한다.

지붕의 경사 각도는 30도 정도로 하고 재료는 유리 또는 비닐로 하면 된다. 그리고 지붕 위는 발을 쌀도록 한다. 이것은 강한 직사일광을 부드럽게 하기 위한 것이다.

겨울이라 해도 특별히 가온할 필요없이 섭씨 5도를 유지하면 월동시킬 수 있다. 혜란은 10도 이상으로 유지하면 좋으나 환경에 적응하게 되면 5도에서도 고사하지는 않는다.

4계절의 생육과 손질

봄 — 동양란은 4월에 들어서게 되면 자라기 시작하여 원줄기의 밸브측의 새싹에서 새잎이 뻗어 나오게 된다. 서리에 대한 걱정이 없어지면 옥외 특히, 아침 햇살을 잘 받는, 통풍이 잘되는 장소에 내놓고 5~6월을 보내도록 한다. 관수는 표면의 흙이 말랐을 때에 한해서 밑바닥의 구멍에서 물이 충분히 빠질 정도로 준다.

장마철에 오랫동안 비를 맞게 하면 뿌리가 썩기 때문에 비에 맞지 않도록 해야 한다.

여름 — 오전 아홉 시까지만 햇볕을 쬐게 하고 그 후에는 발 등으로 차광하여 잎이 타는 것을 예방해야 한다. 여름에도 특히 고온으로 인한 고습도에 조심하여 될 수 있는대로 통풍을 좋게 해야 한다. 관수는 저녁에 선선할 때 주도록 한다. 낮에 주게 되면 잎에 남은 물방울에 의해 잎을 상하게 할 경우가 있기 때문이다.

가을 — 10월 하순이 되면 차츰 생육이 둔화되어 휴면기에 들어가게 된다. 서리가 내리기 전에 미리 옥내로 옮겨야 한다. 몹시 추운 지방을 제외하고는 가온하지 않아도 된다. 휴면기는 화분이 그다지 건조하지 않으므로 너무 물을 주지 않도록 주의해야 한다.

겨울 — 보드라운 햇살을 충분히 받도록 하면 밸브도 굵어지고 봄을 맞이하게 되면 생육도 좋아진다. 동기에 뿌리를 동결시키는 원인의 대부분은 화분의 수분 과다에 의한 것이다. 휴면기에는 약간의 습도를 유지하도록 관리해야 한다.

여러 가지 용구와 사용법

재배에 필요한 도구

관수용 조로 — 구멍이 잘 정비되어 있고 물줄기가 가늘게 나오는 조로가 적합하다.

분무기 — 살균·살충제를 살포하거나 잎에 물을 줄 때 사용한다. 화분이 적을 때는 소형의 것으로도 충분하다.

체 — 부식할 때의 흙 입상을 분류해야 하기 때문에 꼭 있어야 하며 적어도 세 종류는 있어야 한다.

화분 거는 틀 — 장생란이나 부귀란에 사용하는 것으로서 화분을 세 개 또는 네 개 걸 수 있도록 만들어진 틀이 시판되고 있으나 본인이 만들어도 된다.

그 밖에 핀셋트, 붓, 대나무주걱 등을 준비해 놓지만 각각 주위의 것을 이용하면 된다.

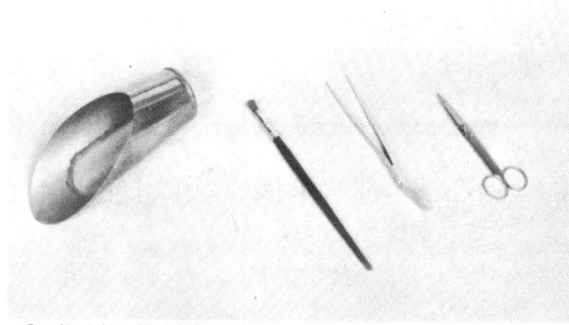

흙 넣는 기구, 붓, 핀셋, 가위

세 가지의 체

가위 — 줄기를 자르거나 뿌리를 절단할 때 사용한다. 언제나 잘 갈아 놓아야 한다.

시비용 조로 — 수시로 시비할 때 필요하며 난에 직접 비료가 닿지 않도록 하기 위해서 끝이 가늘게 되어 있다.

심는 용토

용토는 동양란의 종류에 따라 그 비율이 달라지지만 현재 난을 키우는데는 다음과 같은 것이 주로 사용되고 있다.

점토질의 붉은 흙으로서 잘 부수어지지 않는 양질의 것을 체에 넣어 입상이 큰것을 사용한다. 이것을 굽게 되면 경고한 구상의 흙이 되어 흡수·보수·통기성이 풍부한 이상적인 용토가 된다. 또 다른 용토라 해도 입상토로서 흡수·보수력이 강하고 모래와 함께 사용할 수 있는 흙이라야 한다.

또 모래 역시 배수와 통기성이 좋은 것을 사용해야 한다.

또 이끼는 보수성이 좋기 때문에 흙의 습도를 조절하기 위해서 많이 쓰이고 있을 뿐만 아니라 착생종의 부식에 쓰이고 혜란의 표토로서 쓰이고 있다. 목탄은 부식 용토의 흡수·보수의 효과를 높이기 위해 혼용하기도 하고 부귀란의 뿌리를 감싸도록 한다.

화분의 선택 방법

난을 키우는데는 우선 배수 통기성에 풍부하면서도 적당한 보수력이 있는 화분이 필요하다.

● 화분의 여러 가지

경락요(京樂燎)

풍란화분

삿갓화분

흑락요(黑樂燎)

난 화분은 예부터 동양란을 키우는 전용 화분으로서 사용되어 왔으나 생육면과 함께 난의 모습과의 조화를 충분히 고려한 이상적인 화분이라 하겠다.

화분은 우선 배수·보수·통기성이 있어야 하고 또 부식한 난의 생육과 미관의 두 가지를 염두에 두고 선택해야 한다.

화분이 너무 크면 화분만 눈에 띄게 되고 중요한 난은 밀려 나가게 된다. 또 화분이 너무 작으면 안정성을 잃게 된다.

동양란에만 한한 것이 아니지만 식물의 화분을 선택할 때는 식물 모습에 비해 약간 작은 화분쪽이 용토의 건조가 빠르기 때문에 뿌리의 발육에 좋으며 나아가서는 개화나 잎의 빛깔에도 좋은 결과를 가져오게 한다.

비료를 줄 때는

동양란을 키우기 시작한 초보자는 비료를 주지 않는 것이 안전하다. 비료를 주지 않기 때문에 난을 상하게 하거나 말라 죽이는 일은 거의 없다. 오히려 너무 많이 주어서 말라 죽이는 경우가 허다하다.

그러나 비료를 줌으로써 그 효과가 있어 밸브가 충실해지고 잎이 두꺼워지고 그 빛깔도 보다 아름다와지는 것은 확실하다. 그 결과 차츰 욕심이 생겨 시비량이 많아짐에 따라서 뿌리를 썩게 하는 예를 흔히 볼 수 있다.

비료에는 치비와 수비의 두 가지가 있다. 치비의 경우는 깻묵을 주체로 한 유기 비료를 콩알 정도의 크기로 하고 화분 하나에 2개, 난의 생장기 (3월~9월)에 1~2회 시비한다.

하이포넥스나 프란트프드, 그린라이프 등의 수비를 사용할 경우에는 지정보다 10배~20배 엷게 하고 생장기에 한달에 한 번 주도록 한다.

난은 다른 식물에 비하여 생육이 완만하기 때문에 비료의 효과를 곧 기대할 수 없다. 잘못하면 분량이 부족한 것으로 착각하기 쉬우므로 주의하지 않으면 안된다.

병충해는 사전 예방이 중요하다

동양란은 일상의 관리만 잘하고 있으면 좀처럼 병충해의 피해를 입지 않는다. 그러나 장소의 조건이 좋지 못하거나 고온 다습 그리고 비료를 잘못 주었을 때 병충해가 생기게 된다. 거기다 한 번 걸리면 회복이 불가능할 때가 많으므로 평시에 충분한 주의가 필요하다.

여기서는 동양란이 걸리기 쉬운 병충해를 열거하여 원인과 증상 및 대책을 기술해 본다.

- 병해

뿌리가 썩는 병 — 관수와 비료를 과도하게 주게 되면 그것이 원인이 되어 뿌리가 썩는다. 그 증상이 심해지면 줄기가 말라 죽는다.

잎이 타는 병—잎의 녹색이 차츰 변해 다갈색으로 변한다. 잎 끝부터 마르기 시작하여 전체에 미치게 될 때도 있다. 강한 일조와 수분이 끊어질 때 생긴다.

뿌리의 동결—겨울에 뿌리를 얼게 하면 잎이 차츰 마르게 되어 줄기까지 말라 죽게 된다.

이상은 일상의 관리에 조심하면 방지할 수가 있다.

흑점병—잎의 일부분에 흑점이 생기고 그것이 차츰 번져 가고 얼마 후에 줄기가 말라 죽는다. 원인은 명확하지 않다.

곰팡이병—줄기와 뿌리 사이에 하얀 곰팡이가 생기고 줄기가 흑갈색으로 변하여 말라 죽는다.

연부병—새 잎이 줄기에 붙어 있는 부분이 갈색 또는 흑갈색으로 변하고 잎 전체가 빠져 나온다.

이상에는 벤레트의 천 배액에 접착제를 가하여 살포하면 된다.

탄달병—잎의 여기 저기에 연하고 짙은 갈색 반점이 집단적으로 생긴다. 여기에는 다이센용제를 살포한다.

모자이크병—잎에 연한 녹색의 쐐기형의 반점이 생기는 것으로서 원인은 알 수 없다. 감염하기 때문에 줄기를 가를 때 꼭 칼이나 가위를 소독해야 한다.

- 충해

패각충—잎 표피에 하얀 조개모양의 벌레가 붙어서 즙액을 빨아먹는다. 보는 대로 치솔 등으로 비벼 떨어뜨린다.

진디—보드라운 새 싹에 모여들어 즙액을 빨아먹는다.

붉은 진드기—잎 안쪽에 붙어서 즙액을 빨아먹는다. 줄기를 약하게 한다.

이상에는 마라손유제, 갈호스유제, 에카친 등이 효과적이다.

동양란(東洋蘭)의 대표적인 종류

▶ 홍양(紅陽)

일본춘란(日本春蘭)

홍양(紅陽)—홍화계의 대표종이다. 꽃은 홍황색으로 화변의 끝으로 갈수록 짙어진다. 실로 수려하고 꽃이 크다. 화변은 장원형으로 붙어 있는 곳이 잘 죄어져 있는 것이 인상적이다. 폭이 넓기 때문에 크게 보이고 화변 끝이 예리하여 꽃 모습을 단정하게 하는 효과를 나타내고 있다. 내변은 확고하게 안고 있어 아름다움을 더욱 나타내고 있으며 화설은 말려 있는 형태이며 백황색 바탕에 약간 큰 홍점이 선명하게 있어 보는 사람을 즐겁게 해 주고 있다. 화려한 홍화계의 대표적인 꽃이며 약간 꽃잎이 처져 있는 것이 아쉽다.

◀ 금화산(金華山)

금화산(金華山) —홍화계의 인기 품종. 밝은 주황색의 꽃이라 일본춘란 중에서도 명화라고 부르고 있는 꽃이 바로 이 꽃이다. 그 빛깔은 어떻게 형용하면 될는지 신비스러운 것이 있다. 장원형이며 수선화처럼 산뜻한 느낌을 준다. 화변의 끝은 뽀족하고 그 끝이 안쪽으로 약간 굽어져 있는 것이 특징, 안쪽으로 안고 있는 모습이 꽃 모양 전체를 단정하게 하고 있다. 화설은 크게 안으로 말려 있어 밝은 홍색의 선점이 신선한 아쎈트를 붙이고 있는 듯한 매력이 있다. 또 그 중에는 화변의 끝이 연한 녹색의 것도 볼 수 있다. 아무튼 꽃잎 두 개가 수평으로 피는 인기 높은 명화이다.

잎은 대엽성의 광엽계 꽃에 맞는 하수형이다.

▶동광(東光)

동광(東光)—홍화계의 꽃으로서 인기가 있다. 화용이 약간 가늘기 때문에 가련한 느낌을 주는 명화로 인기가 있다. 더구나 가느다란 화경이 산뜻하게 높이 올라가 있는 것도 장점의 하나라고 할 수 있다. 유화한 원변이며 황녹색의 화변 뿌리에서 차츰 색깔이 짙어지면서 선렬한 주홍색으로 되어 그 화변 끝을 약간 안쪽으로 안고 있는 듯한 모습이 내성적인 여성처럼 느끼게 하는 실로 매력적인 화용을 하고 있다. 내변은 크게 곡선을 이뤄 단단히 안고 있어 화용을 단정하게 하고 있다. 화설은 크게 말려 있어 백색에 가까운 황색 바탕에 작은 홍점이 보일듯 말듯 하다.

잎은 대엽성의 중수엽이다. 짙은 녹색의 잎에 무늬가 나타나는 것이 특징.

▼광림(光琳)

광림(光琳)—홍화계의 난이다. 피기 시작할 때는 녹색에 가까운 꽃인데도 불구하고 차츰 밝은 주황색의 아름다운 빛깔로 변한다. 화변은 원변이며 화변 끝은 단정하며 두껍다. 내변은 똑바로 화심을 안고 있는 명화이다. 개화에서 종기까지 화용을 무너뜨리지 않아 명화로 뽑힌 이유의 하나가 되어 있다. 화설은 크게 말려 있으며 백황색 바탕에 엷은 홍색의 조반이 아름답다. 화설외 중앙부는 선명한 황색을 나타내고 있어 아센트를 붙이고 있다.

잎은 폭이 약간 넓은 중엽성의 중수엽으로 그 두께가 두껍다. 잎 빛깔은 짙은 녹색으로 광택이 있어 일면 중국산의 난처럼 보인다. 화경은 단단해 보이지만 약간 키가 작다.

▶천향홍(天香紅)

천향홍(天香紅)—홍화계의 큰 꽃송이. 화색은 주·부·내의 5변 모두가 홍적색이다. 과연 붉은 꽃답게 그 자태가 아름답다. 화변은 장원형, 화변의 끝이 안쪽으로 예리하게 말려 있다. 짙은 홍색 또는 짙은 남색의 줄무늬가 화변의 끝까지 나 있다. 단조로운 화용에 변화를 주고 있다. 내변은 단정하게 안는 자세로 있으며 화설은 말려 있어 그 홍점에 눈길을 끈다. 실로 무어 하나 흠을 잡을 수 없는 화용이다.

그러나 이 천향홍은 재배법의 양·불량에 따라서 발색에 큰 차이가 있다. 재배법이 좋았을 때는 수려한 화형과 함께 화색도 매력적인 적홍색이 되지만 그렇지 않을 때는 화변의 반 정도가 연한 홍색을 나타내는데 불과하다.

▼자보(紫宝)

자보(紫寶)—자화계(慈花系)의 이색적인 종류이다. 화변도 화경의 포의도 짙은 적자색으로 화변에는 화색보다 더 짙은 홍자색의 가늘다란 조반의 무늬가 있고 화변 끝에 약간의 짙은 녹색을 띄고 있다. 과연 이색적인 꽃으로서의 명성에 부끄러움이 없는 화용이며 꽃봉오리가 올라왔을 때의 기대는 실로 크다고 할 수 있다. 화변은 그 두께가 두껍고 3변 모두가 안쪽으로 안는 모양을 하고 있으며 특수한 화색에도 불구하고 유화한 인상을 강하게 주고 있다. 화설은 말려 있는 형태로 있으며 백색 바탕에 짙은 홍점이 수없이 산재하고 있어 아름답다. 화경은 굵고 너무 뻗어나가지 않는 것이 아쉬우나 꽃이 피기 시작할 때부터 종기까지 화용을 그대로 유지한다.

▶ 천자황(天紫皇)

천자황(天慈晃)— 자화계의 명품. 화색은 짙은 적자색, 또는 산뜻한 홍자색을 나타내고 화변의 중앙부와 화변 끝이 약간 녹색을 띄고 있는 꽃송이가 큰 훌륭한 모습을 보이고 있다. 화경이나 포의 모두 신선한 홍자색으로 잎 사이를 누비고 높이 뻗어나는 것도 이 꽃의 명화로서의 장점을 나타내고 있다. 화변은 장원형이며 화변의 밑부분 가늘고 화변 끝을 부드럽게 안고 있는 모양을 하고 있다. 그 표리 모두가 같은 색깔이라는 것도 특징이며, 개화로부터 종기까지 빛깔도 모양도 변하지 않는 자화계 중의 최고품이다. 또 봉오리 때는 짙은 흑자색이라는 것도 진귀하여 여러 가지로 관상 대상에 풍부한 난이다. 광택이 있는 짙은 수엽이 화용을 더욱 싱싱하게 만들고 있다.

▼일륜(日輪)

일륜(日輪)—복륜화계의 일품 화형은 수선화 변처럼 꽃송이가 크고 훌륭하다. 외변·내변의 다섯 개 모두 연한 녹색을 띠고 있으나 화변의 끝에서 중간까지 황금색에 가까운 선연한 주홍색을 연하게 나타내고 있는 모습은 과연 수려하다. 그 화변의 두께는 두껍고 외변은 알맞게 곡선을 그리며 안쪽으로 굽어져 있다. 청초한 화용이기는 하지만 실로 아름다운 빛깔 모양이 풍부하고 매려 있는 종류로서는 약간의 아쉬움이 있다. 화설은 희고 말려 있다. 전면에 연한 홍색의 부드러운 조반을 나타내고 있으며 화설의 뿌리에도 같은 색의 설점을 보이고 있다. 백황색의 화경은 비교적 가늘고 잘 뻗어 있는 편이다. 잎모양은 웅대하며 화기 이외에도 즐길 수 있다.

▶경파(鯨波)

경파(鯨波)—이 난의 특징은 주변·부변 모두 퇴화하여 황녹색에 홍색을 띠는 칼처럼 생긴 잎이 사방에 선다. 일본 춘란 중에서도 기이함을 나타내고 있는 꽃이자 꽃은 약간 위를 보고 피기 때문에 그 아름다움은 볼 만하다. 그것은 설변이 5~7장으로 겹쳐져서 반전한다. 그 색깔은 백색 또는 백황색으로 홍자색의 설점이 선명하다. 더구나 그 중앙은 커다란 반점이 빨갛게 물들어 있고 바깥쪽의 반에는 녹색으로 되어 있는 복잡한 색깔 모양으로 더 있어 실로 기화라는 이름에 맞는 모습을 하고 있다. 굵기가 적합한 화경도 잘 뻗어 있어 꽃 모습을 유감없이 보여주고 있다.

잎은 대엽성의 중립엽, 짙은 녹색에 홈이 깊고 광택이 있어 아름답다.

▼ 봉황전(鳳凰殿)

봉황전(鳳凰殿)—무늬물로서 대표 품종의 하나. 엽육이 두껍고 약간 가느다란 대엽성의 중수엽이다. 모든 잎에는 짙은 녹색의 줄무늬가 나타나 있으며 백황색의 선명한 무늬가 드문 드문 들어 있다. 여성적이며 우아하고 부드러운 잎 모습이다. 가느다란 잎이 그리는 다양한 곡선이 모습 전체에 변화를 주고 각도를 바꾸어 볼 때마다 느낌이 달라져서 즐겁다. 또 백황색의 줄무늬도 잎마다 그 느낌이 달라져서 싫증이 나지 않는다. 더구나 밑줄기가 커지면 아름다운 무늬가 10중 20중으로 교차되어 선과 색깔의 복잡한 하모니를 낳게 한다. 따라서 오늘날에도 애호가가 많다. 성질은 강건하여 우량품종의 하나가 되고 있다.

▶군기(軍旗)

군기(軍旗)—무늬물 중에서 가장 인기 있는 품종이다. 중엽성의 중수엽에 위로 뻗어 있는 잎이 혼합되고 있다. 폭이 넓은 잎에 밝은 녹색의 줄이 있고 백색의 선명한 무늬가 드문드문 나타나 있는 아름다운 잎모양이다. 교차하는 중수엽과 그 반대로 위로 뻗어 있는 잎의 곡선은 다른데서 그 유례를 찾아볼 수 없는 잎 모습을 나타내고 있어 인기를 받고 있는 원인이 되고 있다. 꽃은 잎과 같은 무늬를 나타내며 그 향기가 좋아 그것을 즐기는 사람이 많다.

이 난은 중국이 원산지다. 1928년 일본인이 상해서 가지고 돌아온 중국의 춘란이며 그때 그 춘란을 군기 옆에 장식물로 두었기 때문에 군기라고 명명했다고 한다.

▼ 정관(靜觀)

정관(靜觀)—호반계(虎斑系)의 난이다. 대엽성의 중수엽. 잎육이 두껍고 광택이 있어 아름답다. 짙은 녹색 잎에는 순황색의 선명한 반점이 나타난다. 이 난의 성질은 성장할수록 처음보다 차츰 그 아름다움을 선명하게 나타낸다. 밑줄기가 클수록 잎과 잎 사이에 점재하는 선명도와 황색의 반점이 시선을 끌어 보는 사람으로 하여금 즐거움을 준다.

1942년 경에 발견되었다고 하는데 그 후 끈기있게 인기를 모아 왔다.

그러나 유감스럽게도 재배 여하에 따라 반점이 잘 나오지 않는 결점이 있다. 또 반점에 얼룩이 생기는 경우도 있다. 그러니만큼 아름다운 반점이 나왔을 때의 기쁨은 대단하다.

▼신농화(信濃花)

신농(信濃)−호반계(虎斑系)의 난이다. 중엽성의 중수엽. 선명한 짙은 녹색 바탕에 선명한 황색의 반점이 생긴다. 이 난은 어릴 때보다 성장해 나갈 수록 선명해지는 성질을 지니고 있다.

윤파(輪波)−호반계(虎斑系)의 난이다. 대엽성의 중수엽이다. 잎의 폭은 비교적 넓고 잎 두께도 두껍다. 짙은 녹색 바탕에 선명한 황색 반점을 나타내는데 2단~4단까지 선명하게 나타난다. 호반계의 난으로서 인기가 있다. 이것 역시 성장할수록 그 색깔이 선명해지는 성격을 가지고 있다. 반점이 잘 나오지 않는 경우도 있다.

금파(錦波)−사피계(蛇皮系)의 최우수 품종. 중엽성의 중수엽. 잎이 두껍

▼ 윤파화(輪波花)

◀ 금파(錦波)

고, 짙은 녹색 잎 전체에 순백의 뱀가죽 같은 반점을 나타낸다. 금파의 그 섬세하고 아름다운 반점은 어디다 내놓아도 부끄러움이 없다.

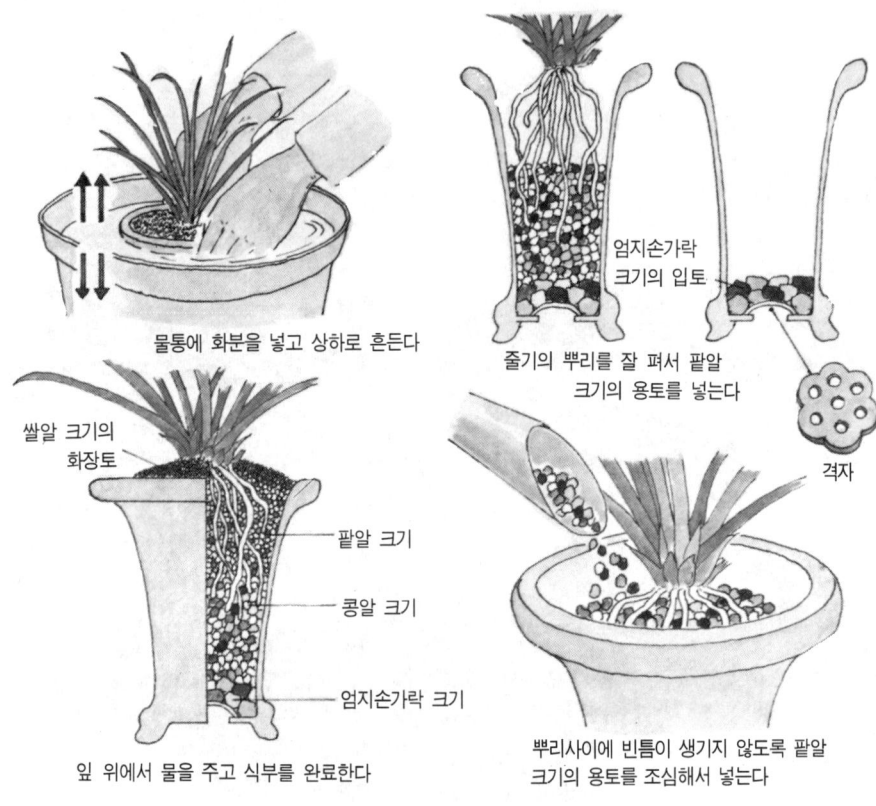

일본 춘란을 키우는 포인트

  일본 춘란에는 꽃을 관상하는 것과 잎을 관상하는 것이 있으나 기본적으로는 같은 방법으로 키워나가도 된다.
  • **용토**-단단한 양질의 흙 모래, 붉은 점토를 구운 것을 몇 종류, 각각 제일 큰 것은 엄지손가락 정도로, 다음은 대두 정도로, 그리고 작은 것은 팥 정도의 크기로 체에 넣어 분리하여 혼용한다. 용토는 새로운 것으로 오염되지 않은 것을 사용해야 하며 사용 전에는 일광 소독을 잘 해야 하는 것이 포인트가 된다. 특히 작은 용토로 쌀알 정도의 것을 용토 표면에 사용할 때도 있

다.
• 화분-검은 화분은 일광의 열 흡수력이 좋아 뿌리의 발육을 보다 촉진하기 때문에 가장 많이 쓰여지고 있다. 화분의 크기는 부식하는 밑줄기의 뿌리 주위보다 약간 여유가 있는 것이 적합하다. 너무 크면 수분이나 비료 성분이 화분에 남게 되어 좋지 않다.
• 옮겨 심기-꽃 관상용은 꽃이 지고, 잎 관상용은 가을의 10월 경에 해마다 새로운 용토에 옮겨 심어야 한다.
• 줄기 가르기-크게 자란 줄기를 가르게 될 경우에는 1주에 두 줄기 이상으로 갈라 심어야 한다. 너무 줄기를 적게 가르게 되면 그 후의 생육이 부진하다.
• 두는 곳-일광을 충분히 받을 수 있고 통풍이 좋은 장소가 이상적이다. 화분을 놓는 선반은 바닥에서 50~80센티 정도로 하면 관리하기 쉽다. 선반 위에는 직사일광을 막는 발을 준비해 놓아야 한다.
  3월 하순부터 10월 하순까지는 선반에서 키우고 겨울에는 실내로 옮기게 되는데 가온할 필요는 없으며 햇빛이 들어오는 마루나 창가에서 충분히 월동시킬 수 있다.
• 관수-표면의 흙이 하얗게 마르기 시작하면 화분 밑에서 물이 흘러 나올 때까지 충분하게 물을 준다. 물론 화분에 따라서 건조 상태가 다르기 때문에 화분마다 물을 주는 날이 다르다. 동양란은 과습을 싫어한다. 너무 물의 영향을 받아 뿌리를 상하게 해서는 안된다.
• 비료-난을 키우는데 아무리 베테랑이라 하더라도 비료를 줄 때는 세심한 주의를 하지 않으면 안된다. 비료에 의해서 뿌리가 썩는 일이 허다하기 때문이다. 오히려 처음 1~2년 동안은 전혀 비료를 주지 않고 키우는 것이 좋을 것이다.
• 꽃이 필 때는-꽃봉오리가 고개를 들기 시작하면 오전 중의 약한 햇살은 두 시간 정도 맞게 한 다음 그 후에는 발을 쳐서 차광한다. 또 개화 후에는 꽃 모양에 이상이 생기지 않도록 하기 위해서 직사일광을 피해야 하며 물을 줄 때도 꽃에 직접 물이 묻지 않도록 하는 것이 포인트가 된다.

▶ 서신매(西神梅)

중국 춘란(中國春蘭)

서신매(西神梅)—매변의 대표 품종. 산출지는 강소성이라고 전해져 있다. 연한 녹색의 3변은 폭이 넓은 장원형이며 변 끝이 단정하여 아름답다. 안쪽의 2변은 얇고 얕지만 화심을 가볍게 싸고 단정한 화용을 자랑하는 명화이다. 화설은 반원형으로 말려 있으며 그 중심에 선연한 홍일점이 있다.

  잎은 약간 가느다란 중립엽이다. 짙은 녹색과 잎 가운데의 홈이 깊은 특징을 가진 잎 모습이다. 화경은 잘 뻗어 있는 편이지만 잎이 길고 중립엽이 많아서 잎 사이로 꽃을 보게 된다. 새싹이 나올 때는 빨갛고 아름답다.

▲대부귀(大富貴)

대부귀(大富貴)—하화변(荷花弁)의 대표품종. 황녹색의 5변 모두가 폭이 넓고 단원형이다. 두께가 두껍고 웅대하다. 화변 끝이 단정하여 화용을 갖추고 있다. 풍격이 있는 대화로서 인기가 높다. 화경은 약간 굵고 잘 뻗어 있는데 무엇보다 포의가 짙은 자색을 나타내고 있어 황녹색의 꽃과의 대조가 아름다워, 이 꽃의 매력을 더해 주고 있다.

화설은 희고 크게 말려 있으며 선명한 홍자색의 설반을 U형으로 나타내고 있는 특징이 있다.

잎은 폭이 넓은 중수엽이며 두께가 두껍고 광택이 있어서 아름답다. 짙은 녹색의 대엽이기 때문에 꽃이 없을 때도 충분히 즐길 수 있다.

▶용자(龍字)

용자(龍字)—수선변의 대표적인 명화다. 출산지는 절강성이라고 전해지고 있다. 춘란 4천왕의 일종으로서 그 모습이 수려하여 그 이름이 높이 알려져 있다. 연한 녹색의 3변은 화변 끝이 단정하여 그 화용을 갖추고 있다. 봉심은 반 정도 화심을 싸고 있다. 화설은 둥굴고 끝이 약간 내려가 있으며 설점은 홍색의 줄이 3점 혹은 2점을 나타내고 있는 것이 보통이다. 새싹은 자색을 나타내는데 그 미련을 화경의 포의에서 볼 수 있다. 비교적 긴 화경의 밑줄기는 연한 자색이지만 위로 갈수록 연한 녹색을 나타내고 있는 기묘한 색깔 모양을 보여주고 있다. 잎은 중엽성의 중립엽이다. 잎의 밑줄기는 가늘지만 위로 갈수록 차츰 넓어지고 있다. 광택이 있는 고상한 녹색 잎이다.

▲녹운(綠雲)

녹운(綠雲)—기종(奇種)의 대표 품종이다. 꽃이 피지 않는 것이 많으나 그 중에 녹운은 난꽃에 가까운 것을 피게 한다. 보통 1경에 두 송이 핀다. 화변은 8~9개 화설은 2~3개. 화변은 산뜻한 연한 녹색이며 단원형이다. 화변 끝은 뾰족하고 약간 안쪽으로 굽어져 있다. 봉심 안쪽에는 짙은 자색의 굵은 조반이 있다. 화설은 백색 바탕에 연한 홍색이 U자형으로 되어 있다. 화경은 굵고 짧지만 포의와 함께 연한 자색을 띠고 있어 부드러운 인상을 준다. 목도 굵다. 가련해 보이고 품위 있는 화용에 많은 애호자를 가지게 된 원인이 있는 것이다. 잎은 짙은 녹색의 입엽이다. 잎 길이는 15~25센티의 소형이지만 위로 뻗어 있는 잎과 혼합되어 있어 잎 모습이 사랑스럽다.

▶ 여호접(余胡蝶)

여호접(余胡蝶)—기종이다. 특히 화용이 복잡하다. 화변은 연한 녹색이며 잘 키운 것은 가느다란 화변이 수십개로 이루워지고 있다. 미묘한 부드러움이 파도를 치고 안쪽의 화변과 설상의 화변이 혼합되고 있다. 쌍무 또는 단을 이루며 필 때도 있다. 이색적인 꽃의 최고품이다.

잎은 광택 없는 하수엽, 약간 황색을 띈 녹색이며 약간 가늘다.

주순취(朱瞬醉)—색이 변하는 꽃이다. 화변은 장원형이며 낙견으로 핀다. 꽃봉오리 때는 자색이지만 꽃이 피면 화변 끝에서부터 차츰 녹색으로 변해 간다. 작황에 따라 색깔이 달라진다. 화설은 희고 화설 밑 부분에 붉은 점이 있다. 잎은 대엽성의 중수엽이다.

▲ 주순취(朱瞬醉)

◀ 부수춘(富水春)

부수춘(富水春) ―
부수선이라고도 한다. 화변은 장원형이며 낙견으로 핀다. 봉심은 백색이며 화변 밑 부분부터 중앙에 걸쳐서 홍자색의 조반이 생기는 것이 특징.

▶남산설소(南山雪素)

남산설소(南山雪素)—운남성이 출산지로 알려지고 있는 명화다. 화변 다섯 개는 모두 백색이며 연한 녹색의 줄무늬가 있다. 청초한 화용을 나타내고 있다. 화설은 순백이며 말려 있다. 1경에 2~3의 꽃이 단을 이루며 피며 그 모습이 아름답다. 화경도 잘 뻗고 있다. 잎은 선명한 녹색이다.

옥산소 玉山素 —산출지는 대만이며 사란이다. 주·부의 세 화변은 연한 녹색. 화변 끝이 뾰족하여 대나무 잎과 흡사하다. 낙견으로 꽃이 핀다. 봉심과 화설이 청초한 모습을 나타내고 있으며 화경은 화용에 조화되어 가늘게 또 길게 나와 있다.

잎은 세엽성의 중립엽이며 짙은 사란 특유의 형태를 지니고 있다.

◀ 송춘(頌春)　　▲ 옥산소(玉山素)

송춘(頌春) — 1경에 2~3개의 꽃이 피는 춘한란이다. 꽃봉오리 때는 자색을 나타내어 아름답다. 개화하면 연한 자색의 줄무늬처럼 된다. 화설은 순백이며 수많은 홍점이 있다.

　잎은 대엽성의 중립엽이며 잎 밑부분은 가늘고 올라오면서 차차 넓어져 있다.

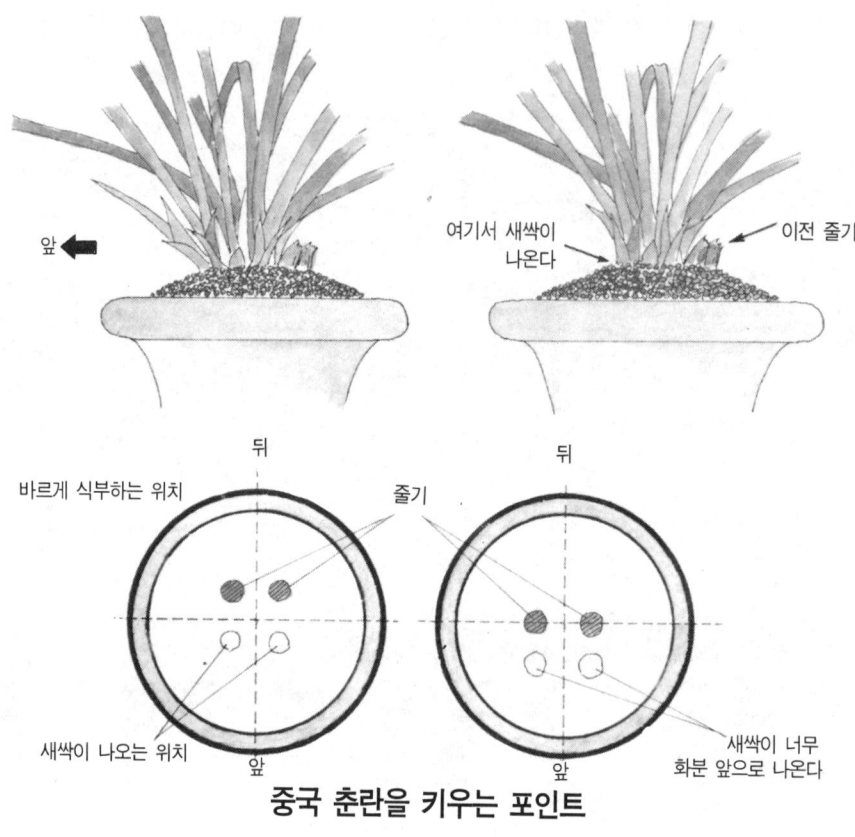

중국 춘란을 키우는 포인트

　키우는 방법은 일본 춘란과 거의 같다고 생각해도 될 것이다. 그러나 1화보다 9화쪽이 밸브가 작고 품종에 따라서 약간 키우기 어려운 것이 있으므로 초보자는 우선 1화쪽부터 시작하기를 바란다.
　● 용토 – 붉은 점토를 구운 것을 주체로 하여 경질의 흙과 모래 등을 혼합하는 것이 일반적이다. 입상을 대·중·소로 분리하기 위해서 체질을 하고 햇볕에 충분히 건조시킨다.
　● 화분 – 검은색의 애벌 구이로 된 것이 적합하다. 이것도 깨끗이 씻고 일광소독을 한다.

• 옮겨 심기-2~3년에 1회. 옮겨 심는 것이 좋은 결과를 가져오게 한다. 꽃봉오리가 생기고 있는 것은 그 꽃이 지고 난 후에, 또 꽃봉오리가 없는 것은 가을의 10월경에 옮겨 심는다.

• 줄기 가르기-밑줄기가 크게 자란 것은 줄기를 가르고 번식시키게 되는데 너무줄기를 적게 하지 않고 적어도 2~3줄기는 세워 놓도록 해야 한다.

• 두는 장소-일본 춘란과 같다고 해도 무방하다. 화분이 많지 않을 때는 마루 같은 곳을 이용하면 된다. 그 경우 햇살을 받게 되는 장소라면 이상적이다. 유리창을 통해서 들어오는 햇볕을 받게 하면 겨울에도 잎을 상하게 하는 일이 있으므로 주의해야 한다.

중국 춘란에 적합한 온도는 여름에는 20도 전후. 겨울에는 8도 전후라고 되어 있으나 동결시키지 않으면 5도 이하에서도 말라 죽지는 않는다. 오히려 주의하지 않으면 안되는 것은 여름에 실내의 선반에 두게 되는 경우 5월~10월은 창문을 충분히 열고 고온 습기를 예방해야 한다.

• 관수(觀水)-화분의 흙이 건조되는 데에는 용토, 화분, 날씨 등에 영향을 받게 되는데 표토가 건조하기 시작한 화분에만 물을 주도록 해야 한다. 물은 오전에 주게 되는데 여름에는 저녁 때 주어야 한다. 물에 젖은 잎에 강한 직사일광을 받게 하면 잎을 상하게 하는 원인이 되기 때문이다. 또 저녁 때 물을 주게 되면 화분의 흙 온도를 내리고 고온 습기에 의한 피해를 막을 수 있다.

• 비료-비료를 주지 않아도 생육에는 영향이 없다. 그러나 아주 소량을 시비하면 작황이 좋아진다. 일례를 들면 프란트프드 같은 물비료를 지정량보다 10배 이하로 하고 관수 대신으로 주면 좋을 것이다.

▶모정(慕情)

한란(寒蘭)

모정(慕情)-일본 또사에서 산출된 한란이다. 화용은 화변 끝에 약간 황색을 띤 연한 봉숭아색의 꽃이 평견으로 핀다. 화설은 말려 있으며 중앙부에 황색을 나타내고 있다. 대소의 연한 홍색의 점이 수없이 생기고 있어 관상하는 자의 눈길을 끈다. 가느다란 화경이 잎 사이에서 나오고 있는데 꽃 색깔과 같기 때문에 잎의 녹색과 대조를 이뤄 눈을 즐겁게 해 준다.

잎은 세엽성의 입엽이다. 선명한 녹색이 화용과 함께 전체적으로 좋은 인상을 주고 있다.

▶유광(幽光)

유광(幽光)—청화의 대표 품종이다. 출산지는 앞의 모정과 같다. 꽃은 밝은 녹색 바탕에 하얀 테를 돌리고 있다. 또 줄기에 따라서 하얀 줄무늬가 있는 것도 있다. 꽃 모양은 꽃 색깔과 잘 조화되어 산뜻하게 핀다. 화설은 말려 있다. 그것이 순백색이라는 것과 보드라운 반전을 보이고 있어 더욱 청초한 화용을 나타내고 있어 이른 아침에 미광을 받으며 유곡에 피어나는 풍정을 느끼게 한다. 화경은 가늘고 똑바로 높이 올라가는데 그 꽃이 피어날 때가 가장 아름다운 품종으로 유명하다. 이 유광처럼 꽃이 필 때부터 질 때까지 오랫동안 즐길 수 있는 꽃은 많지 않다. 잎은 대엽성의 중립엽이다. 잎 길이는 그다지 길지 않으나 광택이 있는 짙은 녹색을 나타내고 있어 아름답다.

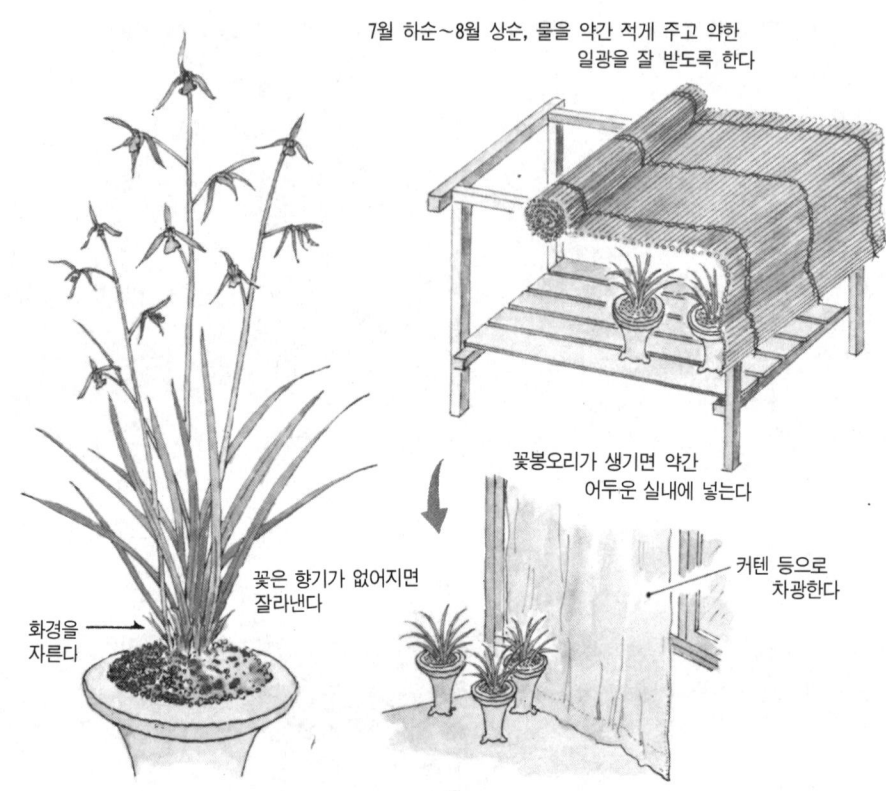

한란을 키우는 포인트

 식부할 때 용토에 여러 가지 많은 연구를 해야 하는 것이 한란이지만, 기본적으로는 특별히 키우기 어려운 것이 없다.
 ●용토-붉은 점토를 구운 것과 모래를 혼합한 것을 사용하는 것이 좋다. 산의 모래를 채취하여 그것만으로 키우고 있는 사람도 있다. 어느 경우에도 대·중·소의 크기로 분류하기 위해서 체질을 하고 물에 깨끗이 씻은 후 햇볕에 충분히 건조시킨 다음 사용하도록 한다.
 ●화분-검은색의 애벌구이를 일반적으로 쓰고 있다. 새것이라 해도 물로

깨끗이 씻고 일광소독을 해야 한다.

• 옮겨 심기-해마다 실시하고 있는 사람도 있으나 처음에는 줄기를 충실하게 자랄 수 있도록 하기 위해서 뿌리에 이상이 없는 한 2년에 한 번 하는 것이 좋을 것이다. 옮겨 심기의 시기는 봄·가을의 2기가 있으나 선발의 조건이 이상적으로 되어 있지 않는 경우에는 봄에 하는 것이 좋다. 새 줄기를 얼게 하는 염려는 없다. 한란은 밸브의 3분의 1만을 표토에서 나오도록 심는 것이 포인트가 된다.

• 두는 장소-햇살을 잘 받고 통풍이 잘 되며 비를 맞지 않는 데가 조건이 된다. 일광은 아침 열 시경까지 충분히 받도록 하고 그 후에는 발 같은 것으로 차광시킨다.

이 세 가지 조건만 구비되면 밖에서도 키울 수 있다. 그러나 겨울의 한풍을 맞게 하여 화분의 흙을 얼게 하면 새싹이 잘 나오지 않고 줄기의 생육도 늦어진다.

• 관수(觀水)-화분의 흙이 건조되어 가는 것을 보고 1주일~10일에 한 번 준다. 특히 겨울에는 물 온도에 조심하여 화분의 흙의 온도가 내려가지 않도록 조심해야 한다.

• 비료-비료는 주지 않는 것이 무난하지만 꽃 빛깔을 좋게 하기 위해서는 옮겨 심은 후 6개월이 지났을 때 프란트프드나 하이포넥스 등의 물비료를 지정량보다 10배 이상 약하게 하여 주는 것이 좋다. 밸브도 굵어지고 내년의 작황도 좋아진다.

• 꽃이 필 때는-7월 하순~8월 상순에는 평상시보다 물을 적게 주고 발 같은 것으로 덮어 약한 햇살을 맞도록 한다. 그러나 오후의 햇살을 맞게 해서는 안된다. 꽃봉오리가 생긴 것은 약간 어두운 실내 같은데 두면 초가을부터 화경의 성장도 좋아진다.

▶상원황(桑原晃)

혜란(蕙蘭)

상원황(桑原晃)—광엽계의 보세란(報歲蘭)이다. 중국 남부가 출산지다. 잎이 넓고 두껍다. 짙은 녹색의 잎이 힘이 있어 보인다. 입엽성의 난이기 때문에 줄기가 커질수록 웅대한 모습이 된다. 백황색의 줄무늬가 섬세하게 뻗어 있어서 눈길을 끌게 한다. 또 황색 바탕에 감색 무늬의 잎이 혼합되는 변화를 나타내는 것도 있다. 보세란 중에서는 초보자에게 적합한 품종이다.

학화(鶴華)—광엽계의 대명란(大明蘭)이다. 중국 남부가 원산지. 잎은 두껍고 광택 있는 대엽성이며 잎 중간 부분에서 잎 끝까지 약간 비틀어지는

학화(鶴華)

성질이 있다. 백황색의 큰 테두리가 있다. 싹이 나올 때는 선명한 복숭아색을 나타내는 것이 특징. 새잎은 연한 녹색의 테두리가 있는데 백황색을 나타내는 것이 보통이다. 그 변화는 성장함에 따라 백황색의 큰 테줄이 된다. 그와 같은 역전을 보여 주므로 인기가 있다.

1경 다화성이며 1~2월 경에 홍자색의 향기 있는 꽃이 핀다.

▶ 서옥(瑞玉)

서옥(瑞玉)—광엽계의 보세란. 대만 산출이다. 중수엽이며 잎 자태가 우아하다. 광택 있는 넓은 잎 끝이 예리하게 되어 있는 것이 특징. 감색 테두리에 백색의 줄무늬를 나타내고 있는데 그 깊이 있는 녹색과 줄무늬가 조화되어 아름답다. 혜란 중에서 가장 수려하다는 평가를 받고 있는 품종이다.

서황(瑞晃)—〈서옥〉의 변화종이다. 중수엽의 난이지만 잎이 약간 서 있다. 잎 끝이 위를 보고 있으며 젖혀져 있다. 잎은 감색의 테두리에서 하얗게 변한다. 서옥과 함께 널리 알려지고 있다.

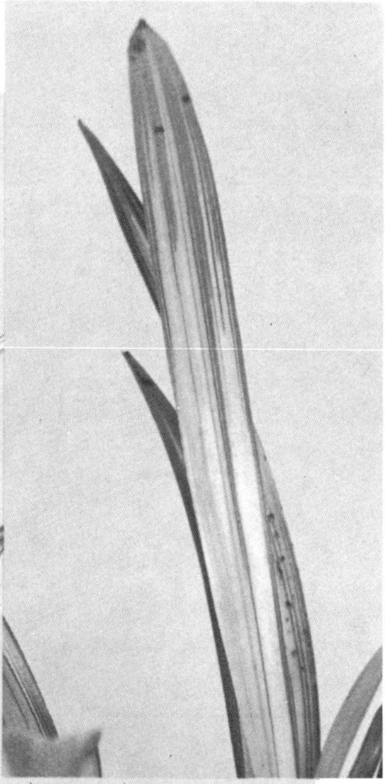

▲ 양노송(養老松)

◀ 서황

양로송(養老松)—광엽성의 보세란. 산지는 대만. 잎은 중립성이지만 잎 폭이 약간 좁다. 짙은 녹색의 테두리에 선명한 황색이 나타난다고 해서 〈황금양로〉라고 부르기도 했던 명품이다. 그 황색의 줄이 성장함에 따라 백황색으로 변하는 성질이 있어 그 자태를 더욱 보드랍게 한다. 〈양로〉에서 변화한 품종 중에서 가장 아름답다.

▶ 조양(朝陽)

조양(朝陽)—세엽계의 옥화란. 중국 산출종이다. 약간 폭이 넓은 하수엽이며 새잎은 선명한 연한 녹색에 하얀 테두리가 나타나지만 성장함에 따라 감색의 줄무늬가 생기는 그 역전미가 아름답다. 발아시에 호도색을 띠는 것이 특징이다.

봉(鳳)—세엽계의 산뜻한 느낌을 주는 난이다. 중국이 원산지다. 보드라운 곡선을 그리고 있는 하수엽이다. 잎 끝이 예리하지 않아 온화한 느낌을 준다. 우아한 감색 테두리가 있고 짙은 황색의 무늬를 나타내고 있다. 어느 잎도 모두 바르게 나와 있어서 단정한 모습을 보여 주고 있다. 유순하게 뻗어 나온 황색의 줄 무늬는 보는 사람으로 하여금 보드라운 인상을 준다.

◀ 봉(鳳)

봉래화(逢萊華)—세엽성의 혜란이다. 대만 산출의 중수엽이다. 짙은 녹색 잎에 백황색 또는 백색의 큰 반점이 나타나는데 그 다양한 반점이 잎 모습에 변화를 주게 되어 보는 사람은 즐거워 한다. 성격은 몹시 강건하고 번식력도 좋다.

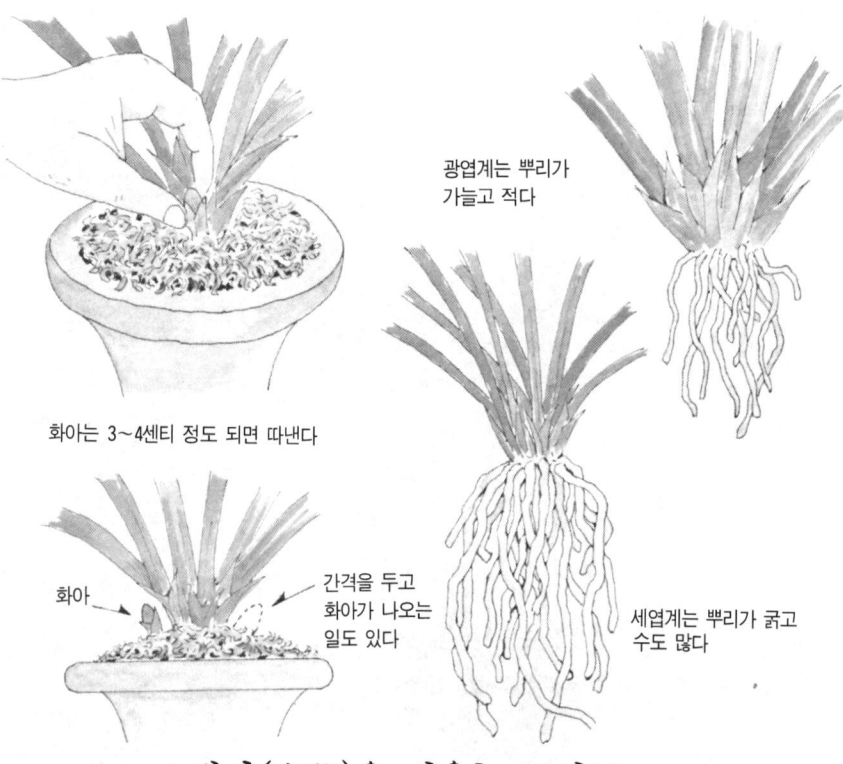

화아는 3~4센티 정도 되면 따낸다

광엽계는 뿌리가 가늘고 적다

화아

간격을 두고 화아가 나오는 일도 있다

세엽계는 뿌리가 굵고 수도 많다

혜란(惠蘭)을 키우는 포인트

혜란은 무늬를 보는 것인 만큼 주로 잎 모습, 잎의 변화에 취미를 가지고 즐기는 동양란이다. 테줄이나 줄, 반점 등의 무늬가 아름답게 나타나는가 어떤가는 키우는 방법에 달려 있다.

- 용토-언덕이나 산에서 채취한 모래가 가장 적합하다고 하는 사람들이 많다. 그러나 그것도 입수하기 어려울 경우에는 붉은 점토를 구운 것과 모래 등을 혼합하여 쓰면 된다. 배합에 연구해 보는 것도 초보자로서는 하나의 즐거움이 될 것이다.
- 화분-열을 잘 흡수하는 검은 애벌구이를 사용하는 것이 보통이다.

●옮겨 심기-꼭 1년에 한 번 옮겨 심는다. 봄·가을의 춘분과 추분 경이 적기다. 그러나 실내에 난 선반이 없는 사람은 봄에 하는 것이 안전하다.
●두는 장소-혜란을 키우는데 제일 중요한 문제는 될 수 있는 한 장시간 일광을 받게 하는데 있다. 광합성이 가장 많이 일어나는 오전 중에는 직사일광을 맞게 하고 오후에는 발을 덮어 약한 햇살을 받게 한다.
그러나 광엽계의 것은 뿌리가 가늘고 그 수도 비교적 적기 때문에 세엽계의 것보다 빨리 발 밑에 두는 것이 중요하다.
혜란은 저온에서도 잘 견디기 때문에 화분의 흙을 얼리지 않도록 2~3도를 유지해 나간다면 무난하다. 여름에는 통풍이 좋은 데에 두어야 한다. 그리고 선반 밑에 물을 뿌려 주기도 하고 저녁 때 잎에 물을 뿌려 주면 건강하게 여름을 보낼 수 있다.
●관수(灌水)-표토가 건조하기 시작하면 물을 주는데 세엽계의 것은 광엽계의 것보다 약간 적게 주는 것이 관수의 포인트가 된다. 어느 것이나 떠다 놓은 물을 쓰는 것이 이상적이며 특히 겨울에는 수온이 높은, 햇볕을 받은 물을 쓰는 것이 좋다.
●비료-프란트프드 같은 화학비료를 아주 엷게 하여 5월 하순~6월 상순에 1회만 시비하면 충분하다. 그러나 혜란도 비료에 인해 뿌리를 상할 때가 있기 때문에 숙달될 때까지는 비료를 주지 않고 키우는 것이 무난하다.
●꽃봉오리가 생겼을 때는-끝이 가늘고 화아는 둥굴고 약간 붉은 빛을 나타낸다. 꽃을 피게 하면 줄기는 힘을 잃게 되므로 잎 모습을 보고 즐기는 혜란에는 좋지 않다. 그 화아는 될 수 있는 대로 빨리 떼어내야 한다. 엽아인지 화아인지 알 수 없을 때는 성장하는 것을 보고 가위로 자른다.
●좋은 무늬를 내기 위해서는-새싹의 무늬가 어미 줄기보다 좋지 않을 때는 그 새싹을 밑줄기부터 제거하고 다시 새싹이 나오게 하는 방법도 있다. 그러나 지나친 기대를 가지고 너무 새싹을 잘라 없애면 줄기가 약해지므로 새싹 자르기는 1회에 그쳐야 한다.

▶부용금(芙蓉錦)

금릉변란(金稜邊蘭)

부용금(芙蓉錦)−입엽성의 난이다. 광택 있는 폭이 넓은 잎 모습이 실로 웅대한 인상을 준다. 금릉변란 중에서 예부터 널리 알려지고 있는 품종이다. 새싹이 돋아 오르는 듯한 선명하고 보드라운 황색의 테두리가 시선을 끈다. 이것이 차츰 백색으로 변해 가는 것도 특징의 하나. 풍부한 변화력을 가진 점도 인기를 얻게 된 하나의 이유가 될 것이다. 잎 모양도 산뜻하고 단정하다. 잎이 넓기 때문에 크게 줄기를 세우면 짙은 녹색과 선명한 황색이 조화를 이루고 전체 모습이 장호하다.

▶천대전금 (千代田錦)

천대전금 千代田錦 —잎은 중수성. 잎의 폭은 약간 가늘다. 그것으로 인해 전체가 섬세하고 여성적인 보드라운 자태를 나타내고 있다. 늠름하게 뻗어 있는 잎의 매력은 큰 줄기가 되어도 변함이 없어 만인이 애호하고 있다.

잎은 우유 빛깔의 백색 또는 백황색의 테줄을 나타내고 있으며 녹색의 잎을 더욱 선명하게 하고 있다. 그 아름다운 큰 테두리의 곡선은 잎 끝쪽이 약간 비틀어지면서 고개를 숙이는 성질이 있기 때문에 잎 자태에 취미를 가진 사람에게는 흥미가 있다.

번식력이 강하고 강건하여 난을 키우는 초보자에게는 이와 같은 금릉변란을 선택하는 것이 좋을 것이다.

▶상반금(常盤錦)

상반금(常盤錦)—중립엽의 난이다. 커다란 잎이 우아한 선을 그리며 비스듬하게 뻗어 있어 웅대한 잎 모습을 나타내고 있다. 큰 줄기로 자란 것은 이미 호화한 자태를 보이고 있다.

잎의 특징은 우유 빛깔의 줄무늬를 나타내고 있는데 그 중에는 백황색의 큰테두리가 혼합되어 단조로운 모습에서 탈피하고 있다. 잎 끝이 예리한, 칼끝처럼 빛을 내고 있는 것이 아름답다. 그리고 약간 두꺼운 대엽이기 때문에 잎의 중간 부분에서 젖혀지는 변화에도 관심을 끌게 한다. 인기의 원인은 의외로 이런데에 숨겨져 있는지도 모른다. 금릉변란의 품종으로서는 중급품으로 평가되어 있으나 상급품으로 넣어도 좋은 품종으로 생각된다.

◀월장(月章)

월장(月章)–입엽성의 두꺼운 큰 잎이 아무런 가식도 없이 산뜻하게 서 있어 마음이 씻기는 듯한 청조함을 느끼게 된다. 젊은 용사의 모습과 같다. 장래의 웅대 화려한 모습이 눈 앞에 떠오른다. 잎의 특징은 짙은 녹색의 테두리에 선명한 황금색의 줄무늬. 굵고 또 가느다란 황금새의 줄이 아름답다. 그 중에는 단순한 테두리도 섞여 있으나 그것 또한 그 사태에 변화를 일으켜 흥미를 느끼게 한다.

　금릉벽란은 다른 동양란처럼 일광의 강약에 마음을 쓸 필요는 거의 없으며 물을주는 횟수도 적어 관리에 편리하다. 그러한 의미에서 이 〈월장〉은 초보자에게 적합한품종이며 관상 가치도 높다.

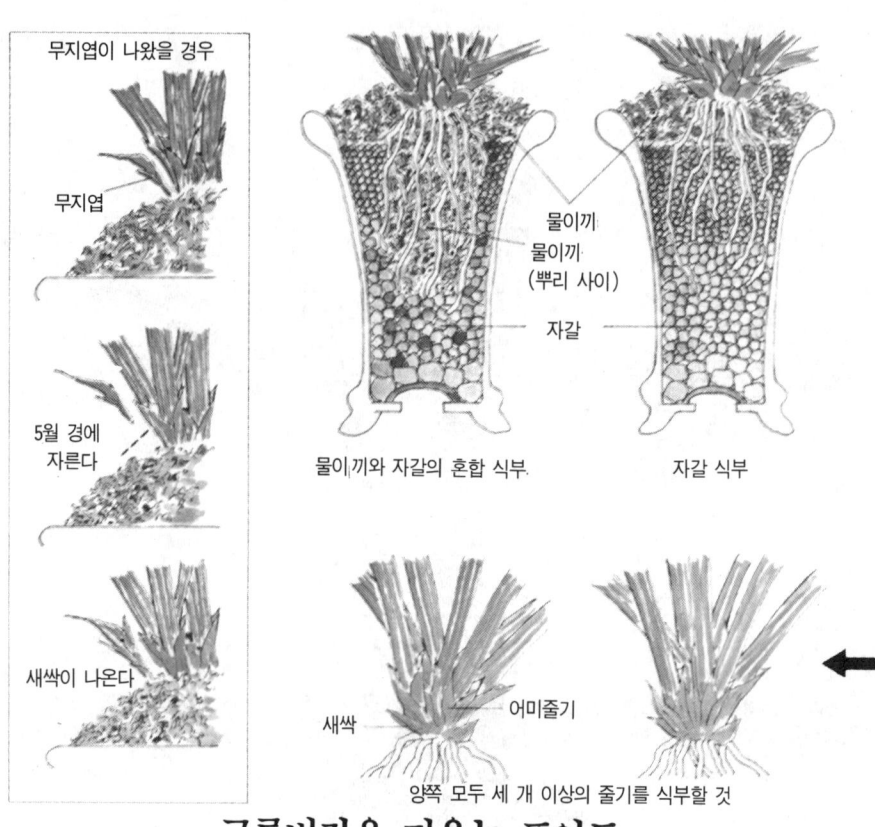

금릉변란을 키우는 포인트

금릉변란은 다른 동양란에 비하여 직사일광에 강하고 또 0도 가까운 추위에도 견딘다고 하는 특징이 있다. 무늬를 관상하는 품종 중에서 특히 초보자에게 적합한 종류라고 말할 수 있다.

●**용토**-물이끼의 단용과 자갈에 심는 두 종류가 있는데 느긋한 잎 모양으로 만들기 위해서는 물이끼에 심고 키우는 사람이 많다.

물이끼에 심는 것으로서는 길고 보드라운 양질의 것이 이상적이다.

자갈에 심는 경우에는 언덕이나 산의 모래 또는 자갈과 물이끼를 혼동해서 심기도 한다.
- 화분-검은 애벌구이를 가장 많이 쓰고 있다.
- 옮겨 심기-3월 중순~4월 중순이 적기다. 1년에 한 번 옮겨 심는 것이 보통이다. 특히 이끼에 심은 것은 새로운 이끼를 바꿔 주어야 한다.
- 줄기 가르기-금름변란은 될 수 있는 대로 줄기는 크게 키우는 것이 잎의 자태를 살리는 것이 된다. 따라서 다른 종류의 것처럼 줄기를 가르지 않아도 된다.

줄기를 가르는 경우에는 옮겨 심기를 겸하게 되는데 어미 줄기와 완전히 분리해서는 안된다. 적어도 세 개 이상을 세워 놓는 것이 포인트가 된다.
- 두는 장소-일조, 통풍이 좋아야 한다는 것이 조건이 된다. 오전 중의 햇살이 충분하면 오후에는 그늘진 곳에서도 자란다. 여름의 석양은 금물이다. 만일 석양을 받게 되는 장소라면 발을 두 겹 정도 덮어서 차광해야 한다.
- 관수(觀水)-1~2일에 1회 충분히 준다. 이끼가 너무 건조하면 좀처럼 물을 흡수하지 않는 성질이 있으므로 만일 표토가 하얗게 되었을 때는 물통 같은 데 넣어 물속에 화분 그대로 30분 이상 담구어 놓고 충분히 물을 흡수하도록 한다.
- 비료-다른 동양란보다 비료에 강한 쪽이지만 역시 소량으로 시비하는 것이 무난하다.
- 꽃 싹이 생겼을 때는-가을에는 내년의 화아가 생기게 되는데, 화아가 생기면 떼어 내는 것이 좋다. 화경의 길이에 따라서 가위로 잘라낸다.
- 좋은 무늬를 내기 위해서는-왕성하게 자라고 있으면 하나의 어미 줄기에서 2-3의 싹이 나오게 된다. 그 중에는 어미는 줄무늬인데도 그것이 없는 것도 있다. 그러할 때는 5월경에 밑부분에서부터 제거하고 새싹이 나오도록 한다. 7월 상순에는 물을 적게 주는 것도 무늬를 잘 내는 한 방법이 된다.

◀ 홍목전(紅木田)

장생란(長生蘭)

　홍목전(紅木田)—가늘고 긴 녹색 잎 가운데 황금색의 무늬가 아름답다. 줄기는 품위 있는 연한 녹색이다. 전체적으로 섬세한 인상을 주는 모습이며 널리 인기 있는 품종이다. 성질도 건전하며 초보자도 키우기 쉬운 장점이 있다. 〈금학〉의 원종이다. 산뜻한 흰꽃이 핀다.
　금학(金鶴)—가느다란 녹색 잎 가운데 황금색의 무늬를 나타내고 있는 것은 〈홍목전〉과 흡사하지만 부드러운 엿 빛깔의 줄기를 가진 점이 다르다. 또 잎 가운데 나타나고 있는 색깔이 〈홍목전〉보다 약간 진하다.

◀ 금학 (金鶴)

홍작(紅雀)—잎이 얇고 가늘며, 잎 끝이 약간 뾰족하고 하수형이 특징이다. 또 연한 황색의 무늬가 있다. 잎에 따라서 아름다운 홍색을 띠고 있다.

◀홍소정(紅小町)

어다하황복륜(於多賀黃覆輪)▶

홍소정(紅小町)

–잎은 약간 가늘면서도 장원형이며 잎 가운데 황금색의 무늬를 나타내고 있어 눈길을 끈다. 새싹과 새잎이 아름다운 연한 홍색을 나타내어 가련한 느낌을 준다.

◀금목단(金牧丹)

새줄기는 싱싱한 백황색이지만 차츰 황색이 짙어지고 오래 되면 자갈색을 띠게 되어 그 변화에 흥미를 느끼게 한다.

어다하황복륜(於多賀黃覆輪)—잎은 광택이 나고 두꺼운 장원형이다. 연한 황색의 테줄을 나타낸다. 줄기는 굵고 짧아 가마니형이다. 줄기는 오래되면 차츰 자갈색으로 변한다. 크기는 5~6센티의 소형종으로 번식력이 강하고 재배에 쉽다. 초보자에게 적합한 품종이다.

금모란(金牡丹)—두꺼운 장원형의 녹색 잎에 황색의 테줄을 나타낸다. 줄기에 따라서 짙은 녹색과 연한 녹색의 잎이 혼합되어 변화 있는 모습을 나타낸다. 새줄기는 연한 녹색이지만 오래 되면 회갈색으로 변하게 된다.

◀ 은룡(銀龍)

은룡(銀龍)—잎은 엷은 녹색의 장원형으로 백색 바탕에 담황색의 복륜(覆輪)을 나타내고 있다. 이것에 대하여 〈금룡(金龍)〉의 복륜은 황금색이다. 줄기의 시작은 황색으로 옛마디가 남아 있는 경우에는 담갈색의 띠가 되어 있다. 성질도 좋고 번식력도 강하여 초보자에게 알맞은 품종이다.

부사환(富士丸)—잎은 광택이 있는 소형의 장원형으로, 가느다란 파도무늬가 있다. 잎색은 보통 엷은 황록색이며, 담황색, 또는 백색의 투명한 것도 있다. 새싹이 나올 때는 잎맥이 붉은 띠를 나타내는 것도 있는 다예품종(多藝品種)이다. 마디 사이가 짧고, 마디가 끝난 곳은 자갈색테가 되어 있다. 풀(草) 종류가 변화한 것으로서 인기종(人氣種)이다.

▲부사환(富士丸)

대동호(大同縞)—둥근 장원형의 잎은 노란 기가 있는 백황색의 선명한 호(縞)를 나타낸다. 호(縞)는 단일적이지 않고 변화를 보여준다.

▲대동호(大同縞)

▶자신전(紫宸殿)

소대(昭代)—잎은 짙은 녹색이며 약간 소형의 장원형이다. 백황 또는 백색의 테두리를 나타낸다. 연한 자홍색 줄기는 약간 가늘고 마디 사이도 길다.

자신전(紫宸殿)—잎은 장원형이며 잎 끝이 약간 굽어져 있다. 그러나 때로는 칼 끝처럼 설 때가 있다. 녹색 잎에 황색 무늬를 나타낸다. 줄기는 약간 가늘고 연한 황색을 나타내어 아름답고 품위 있는 품종으로서 인기가 있다.

촉광금(蜀光錦)—잎은 장원형이며 얇다. 새싹은 연한 홍색이며 테두리에 홍색을 나타내는 가련해 보이는 품종이다. 잎이 녹색으로 변하면 연한 복숭아색의 무늬를 나타낸다. 줄기는 가늘고 처음에는 홍색 차츰 자홍색으로부터 자갈색으로 변한다. 특별히 여성에게 애호자가 많은 중형종이다.

◀ 촉광금(蜀光錦)

천사환(千賜丸)

―잎은 약간 둥근 장원형이며 두꺼운 편이다. 백황색의 줄무늬 또는 잎 가운데 길게 무늬를 나타낸다. 줄기는 가마니형이며 굵고 짧다. 백색에서 금색으로 변함.

▲ 천사환(天賜丸)

▶흑목단(黑牧丹)

자금성(紫金城)—잎은 아름다운 광택을 나타내는 장원형으로 약간 짙은 녹색이며 무늬가 없다. 산뜻한 전체 모습이 상쾌한 인상을 준다. 줄기는 중형이며 자색을 띠고 있다. 진품으로서 유명하다.

흑모단(黑牡丹)—잎은 폭이 넓고 두껍다. 또 잎 전체에 크게 파도치는 형태를 나타내고 있는 것이 특징이다. 백황색의 무늬를 나타내고 있으며 변화력이 풍부하여 널리 알려지고 있다. 줄기는 연한 황색을 띤 황갈색이며 차츰 회갈색으로 변한다.

천녀관(天女冠)—잎은 광택 있는 장원형이며 잎 끝이 약간 밑으로 휘어져 있다. 산뜻하게 나타나 있는 무늬가 아름답다. 줄기는 약간 굵고 투명한

◀천녀관(天女冠)

백황색의 소형종이다.

금두(金兜)─ 잎 길이 2~3센티의 소형종이며 짙은 녹색에 백황색의 무늬를 나타낸다.

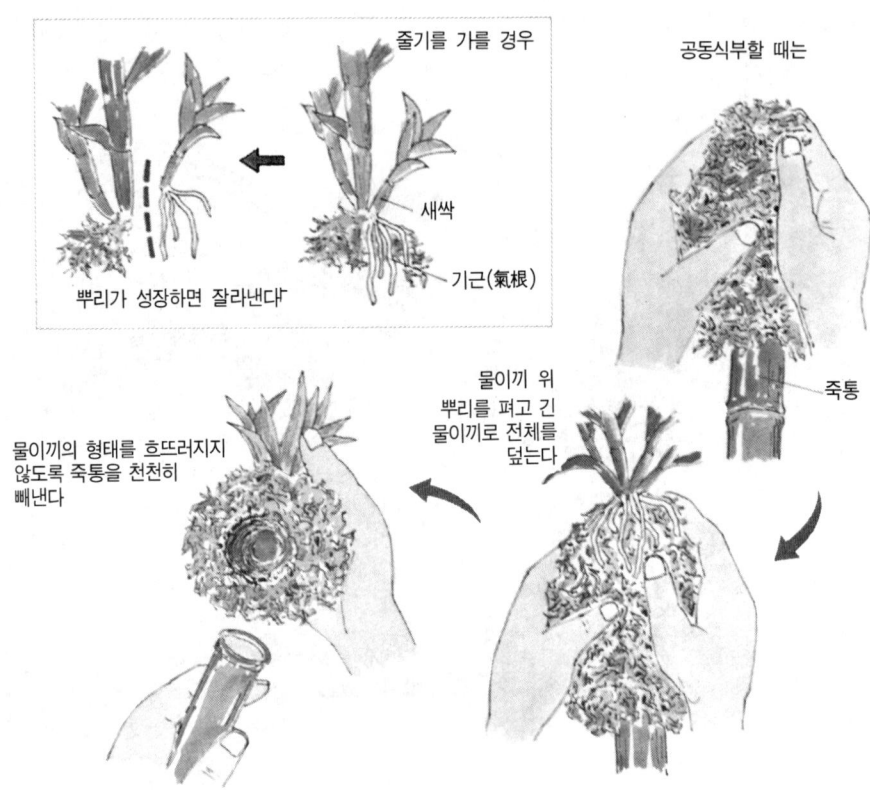

장생란을 키우는 포인트

잎모습·잎변화에 뛰어나고 또 다른 동양란보다 소형이기 때문에 베란다 같은데 달아놓고 즐길 수가 있다.
- 용토–물이끼 단용이나 부귀난처럼 목탄을 심으로 할 경우와 공동을 만들고 식부할 경우도 있다. 또 화분 바닥에 엄지손락 크기의 목탄조각을 깔아 배수·통풍을 좋게 하는 등 여러 가지 방법이 있다.
- 화분–애벌구이의 소형 화분이 일반적으로 이용되고 있다.
- 옮겨 심기–해마다 1회. 3월~4월에 옮겨 심으면 좋다. 우선 뿌리 사이

에 짧은 물이끼를 메우고 주위는 긴 것으로 싼다. 표토는 화분 테보다 높이 쌓아 올려 배수가 잘 되도록 하는 것이 포인트가 된다. 너무 단단히 물이끼를 메우면 배수도 통풍도 잘 되지 않으므로 주의해야 한다.

• 줄기 가르기–4월에 들어가면 밑줄기 부분에서 발아하여 거의 동시에 뿌리를 내린다. 이 새 뿌리가 어느 정도 성장하면 줄기 가르기를 하지 못하게 된다. 새끼 줄기를 절단할 때는 예리한 칼을 사용하게 되는데 그때 어미 줄기가 상하지 않도록 주의해야 한다.

• 두는 장소–겨울을 제외하고는 밖에서 키울 수 있다. 일광을 잘 받을 수 있고 통풍이 잘 되는 장소가 이상적이다. 3월~6월은 충분히 일광을 받도록 하고 6월 중순부터 오후에는 발 등으로 차광하게 되는데 비가 오래 계속될 때는 비닐을 치는 것을 잊어서는 안된다. 선반 높이는 50~70센티 정도로 한다.

화분이 적을 경우에는 화분걸이를 이용해도 되고 처마 밑에 달아놓으면 또 다른 취미를 느낄 수 있게 된다. 겨울에는 실내에 넣도록 하고 동결하지 않을 온도만 유지할 수 있다면 특별히 가온할 필요도 없다.

• 관수(灌水)–3월~10월은 1일 1회 충분히 준다. 겨울에 물이끼가 완전히 건조되지 않는 정도의 습기만 있으면 된다. 다습하지 않도록 하는 것이 안전하다. 추위에 잘 견디지만 동결시키면 뿌리를 상하게 되며 말라 죽지 않았다고 해도 이듬해의 생육이 좋지 못하다.

• 비료–비료를 주지 않아도 잘 자란다. 난을 키우는데 숙달될 때까지는 오히려 비료를 주지 않는 것이 좋다.

비료를 줄 경우 프란트프드나 하이포넥스 등의 화학비료를 물에 아주 엷게 타서 옮겨 심은 1개월 후에 1회만 주면 충분하다.

▶ 경하(慶賀)

부귀란(富貴蘭)

경하(慶賀)—입엽성의 중형종. 잎 폭은 넓은 편이며 잎이 두껍다. 잎은 녹색 부분보다 백황색 부분이 많다. 즉 백색 바탕에 녹색 무늬를 나타내는 것이 보통이다. 줄무늬라고 하면 백색, 황색을 흔히 생각하게 되는데 경하에 한해서는 녹색쪽이라고 하는 것이 적합하다. 과연 고전적인 아름다움을 볼 수 있는 부귀란은 끈기있게 인기를 받고 있다. 특히 잎 길이가 길어서 줄기가 커질수록 풍격이 좋아진다. 이 경하에는 백색의 테두리를 나타내는 종류가 있어 경하에 뒷떨어지지 않는 품위를 보여주고 있다.

◀ 어염영(御簾影)

어염영(御簾影)—중립엽의 중형종. 잎의 길이는 보통이지만 잎 폭은 비교적 넓다. 부귀란 중에서는 검소한 쪽에 들어가는데 녹색 잎에는 희미한 감색과 황색의 줄무늬가 있어 조용한 풍정과 아름다움을 느끼게 한다. 음예 예찬은 아니지만 가려진 미를 찾는 미의식에 보답해 주고 있는 난이라고 할 수 있다.

부귀란 중에서도 특히 잎의 배치가 단조롭고도 아름답다. ㄱ 잎의 밑부분은 보드라운 원을 그리는 달모양이 되어 있어 산뜻한 잎 모습에 보는 사람으로 하여금 시원스러운 느낌을 준다. 몇 개를 함께 세워 놓으면 더욱 그 모습에 깊이가 있어 보인다.

▶ 직회(織姫)

 직회(織姫)-잎의 길이는 보통이지만 유화한 모습을 지니고 있다. 잎 밑에서부터 잎 끝까지 흐르고 있는 줄무늬가 눈길을 끈다.
 천혜복륜(天惠覆輪)- 입엽성의 중형종. 황금색의 테두리가 선명하다. 때로는 그것이 넓어져서 거의 황금색의 잎으로 보일 때가 있다. 인상이 강렬하여 인기 있는 중급품이다.
 수정복륜(水晶覆輪)-잎의 폭은 좁은 편이지만 그에 비하여 길이는 길다. 그래서 백색에 가까운 선명한 테두리가 눈에 띠게 되어 청초한 인상을 준다. 특징으로서는 테두리 부분의 잎 두께가 약간 얇다. 그것으로 인해 더위와 추위에 약간 약하다. 다른 종류보다 직사일광에는 세심한 주의가 필요하다. 그

▲천혜복륜(天惠覆輸)

◀수정복륜(水晶覆輸)

러나 그 반면에 짙은 잎의 녹색과 테두리를 보다 아름답게 나타내기 위해서는 일광을 받도록 해야 하므로 그 요령이 어렵다. 번식력은 그다지 좋지 않다.

▲서출도(西出都)

동출도(東出都) ▶

서출도(西出都)
—약간의 입엽성의 중형종. 짙은 녹색의 두꺼운 잎에 백색의 테두리를 나타내지만 그것은 다양한 색깔로 혼합되어 흥미를 가지게 한다. 성질은 강건하다.

◀설산(雪山)

산 출지는 일본.

동출도(東出都)–잎 파이 좁고 하수형을 나타내고 있는 중립성의 소형종. 녹색의 잎에 백색의 테두리를 나타내는데 차츰 황색을 띠는 테두리가 되어 전체적으로 안정된 모습이 되는 것이 부귀란의 특징이다. 〈서출도〉와 같은 일본 산출종이다.

설산(雪山)–중립성의 소형종. 단정한 녹색이 짙은 잎에 선명한 황색의 반점을 나타낸다. 그것이 조화되어 아름다움을 더해 주고 있다. 그것이 관상 대상이 되어 즐기고 있다. 성질은 강건하여 지금은 비교적 흔히 볼 수 있다. 초보자에 적합한 품종이다.

▶ 청해(青海)

청해(青海)—짙은 녹색의 두꺼운 잎을 가지고 있으며 크기는 작다. 포개져 있는 듯한 곡선을 나타내고 있으며 홈이 깊다. 자태가 파도의 풍정을 느끼게 한다고 해서 청해라고 부르게 되었다고 한다. 꽃은 연한 복숭아색 또는 홍색이며 흩어져 피는 모습이 또한 흥미를 느끼게 한다. 잎이 다른 것과는 판이한 데가 있어 인기가 있다. 번식력이 강하며 세 줄기 정도 세운 화분은 볼 만하다.

옥금강(玉金剛)—두꺼운 잎이 직선적으로 힘차게 옆으로 뻗어나온 모습은 누구의 눈에도 마음 단단한 인상을 준다. 옥금강이라는 이름과 실로 어울인다. 소형이지만 줄기가 많아짐에 따라 더욱 매력을 더해 간다.

▲옥금강(玉金剛)

조선철(朝鮮鐵)

―입엽성의 소형종. 가로로 곧은 잎이 날카로와 전체의 모습이 단정하다. 그것이 특징이며 거의 가로로 곧게 붙어 있다. 때로는 산 같은 모양이 혼합될 때도 있다.

● 심는 방법

부귀란을 키우는 포인트

　부귀란은 원래 오랜 역사를 가진 난이며 현재 원종에서 잎을 개량하여 줄무늬, 테두리, 반점 등 약 150종이나 된다.
　5월 경 잎과 잎 사이에서 새 뿌리가 생기고 화분 가장자리까지 뻗어 나와 있는 모습 같은 것은 과연 착생란다운 데가 있다.
　●용도-물이끼와 목탄을 사용하는 것이 보통이다. 화분 중심부에 넣는 목탄 부분을 공동으로 하는 경우도 있다. 물이끼는 될 수 있는대로 길고 보드라운 것을 골라야 한다.

●화분-일반적으로 애벌구이로 된 화분을 사용한다. 물이끼를 높이 쌓아 올리고 심기 때문에 긴 화분은 적합하지 않다.

●옮겨 심기-3월 하순 새 뿌리가 움직이기 시작하기 조금 전에 하는 것이 적기가 된다. 늦어지면 새 뿌리를 상하게 할 우려가 있기 때문에 약간 일찍이 옮겨 심는 것이 좋다.

●줄기 가르기-잎 사이에서 뻗어 나온 새싹은 곧 뿌리를 내린다. 2년 정도 지나면 잎을 4~5개 가지는 줄기로 성장한다. 그 줄기를 갈라준다.

옮겨 심은 것도, 줄기를 갈라 준 것도 10일 전후는 통풍이 좋고 햇살이 들어오지 않는 장소에 두고 그 후 서서히 햇살을 받게 한다.

●두는 장소-특히 잎을 관상하는 품종은 일광. 통풍이 충분한 장소가 필요하다. 부귀란은 지면에서 떨어질수록 건강하게 자란다. 화분이 적으면 처마 밑이나 베란다 같은데 걸어놓고 키우면 좋다. 여름에는 발 같은 것으로 차광하고, 겨울에는 얼지 않는 장소에 두면 된다.

●관수(灌水)-3월~6월까지도 충분히 주고 장마철에 들어가면 줄인다. 장마철이 끝나면 다시 평상시의 양을 주고 10월부터는 서서히 줄이고 12월~2월의 휴면기에는 약간 건조 상태를 유지한다. 겨울에 습도가 높으면 동해를 입기 쉬우므로 조심해야 한다. 부귀란은 잎이 약간 오무라질 정도로 물을 주지 않아도 고사하지 않는다.

●비료-일조와 통풍 그리고 물만 잘 주면 충분히 키울 수가 있다. 그러나 빛깔을 아름답게 내기 위해서는 비료를 주는 것이 좋다. 그 경우에는 너무 적다고 할 정도로 주어야 하며, 화학비료의 물비료의 경우에는 지정보다 10배 이상 엷게 해서 주어야 한다.

후편(後篇)

양란(洋蘭) 가꾸기 입문

양란(羊蘭)의 대표적인 종류

양란(洋蘭)에 대하여

양란(洋蘭)이 고령지대의 꽃이라고 생각하고 있던 시대는 이미 지나가고 우리들이 손쉽게 재배할 수 있을 만큼 가까와지고 각지에서 열리고 있는 양란전은 대단한 인기가 있다.

양란의 원산지는 열대·아열대 지역의 해변에서 높은 산지에까지 분포되어 있기 때문에 그것들의 원종과 교배 개량한 품종을 재배하기에는 추운 월동과 더운 월하에도 다소의 마음 가짐이 필요하다.

여기에서는 그러한 문제에 대해서 비교적 일반적인 품종의 소개와 매월의 관리에 대해서 아주 쉽도록 해설하였다.

카토레야

카토레야는 양란을 대표하는 꽃으로서 그 화려한 모습은 실로 아름답다. 카토레야는 재배가 어렵다는 말도 있는 것 같은데 품종을 선택하면 의외로 꽃을 피게 할 수 있기 때문에 이 입문서에서는 제일 먼저 소개하기로 했다. 여기서 소개하는 꽃은 그 일부이지만 어느 것이나 손쉽게 입수할 수 있는 것들이다.

Blc. 노만즈 베이 "고딕" AM/RHS

꽃송이가 크고 모양이 단정하다. 짙은 자홍색 꽃의 대표종. 부변은 크고 파도치는 형태. 화설에 황색의 조반이 있다. 밸브의 마디 사이가 길고 새싹이 차례차례 올라온다. 다른 꽃으로서는 〈로〉〈르실〉 등의 명화가 있다. 키우기 쉽다. 가을에 핀다.

카토레야

C. 보링기아나 셀레아

원산지는 혼두라스, 꽃송이가 작고 많이 피는 쌍엽종으로 20여 잎이 총상으로 핀다. 줄기는 높이 70cm 정도이고 뿌리는 굵고 통통하다. 표준종은 엷은 자홍색에서부터 짙은 자홍색이고 잎에 귀여운 눈이 들어 있다. 가을에 핀다.

C. 포샤 "카니쟈로" AM / RHS

어미가 원종인 보링기아나이기 때문에 이 초형을 이어받아 2엽성의 고성이고 60cm 정도가 된다. 꽃은 정형인 중소형이고 20개 정도가 자란다. 목에 들어 있는 황백색의 눈이 아름답다. 줄기가 굵어지면 진가를 발휘. 가을에 핀다.

Blc. 딘길

교배종으로서 유명한 헤론즈길이 한쪽 부모가 되어 있기 때문에 그것과 닮아 큰 꽃송이 꽃 모양이 단정하다. 목에는 황색의 큰 점이 있다. 다른 한쪽의 부모가 여름에 피기 때문에 여름~가을에 핀다. 성질은 건전하고 꽃 모양이 좋다.

카토레야

Slc. 에스테라 쥬옐 "홋트 리프스" HCC / AOS
소중륜. 양형화로 다소 다륜성. 접목에 밝은 황색 점이 있다. 그루는 중형으로 만들기 쉽다. "카즘라", "모하브"등의 별개체가 있다. 봄에 핀다.

C. 라비아타 "인테레가레스"
원산지는 브라질. 꽃은 중륜으로 2~4장 자란다. 원종으로서는 정돈된 화형으로 잎 목에 적자색 줄기가 든 황점이 있다. 이 개체는 그루가 중형이고 벨브나 잎이 붉은 맛을 띠고 있다. 튼튼하고 꽃섬이 좋다. 가을에 핀다.

Lc. 돈드 미카엘스 "Z-883"
페탈에 크게 짙은 쐐기 무늬가 들어 있는 대륜. 양형의 화려한 꽃으로 3~4장 핀다. 성질은 튼튼하고 꽃섬이 좋다. 별개체로 이 꽃과 비슷한 "Z-885"나 눈이 없는 "Z-935"가 있다. 겨울에 핀다.

Ctna. 로지 쥬웰
"에와" AM/AOS

카토레야와 브로트니아의 속간 교배로 만들어진 것으로서 꽃송이가 작고 많이 핀다. 부번이 평면적으로 전개되어 핀다. 목에 있는 황색의 반점이 귀엽다. 성질은 건전하고 줄기가 크게 성장하며 화경이 몇 개 서게 되면 보기에도 훌륭하다. 가을~겨울에 핀다.

카토레야

Lc. 미니 파플

카토레야의 왈개라나와 레리야 프미라와의 교배종이며 왜성종인데도 꽃이 크게 핀다. 개별적으로 차이는 있으나 이 꽃은 화경 11센티 정도로 크지만 7~8센티가 표준이다. 꽃은 불규칙적으로 핀다.

Slc. 안쟉
"오키드 허스트" FCC / RHS

적화계의 대표적인 종. 중대형의 양형화로 잎 목에 황색의 줄기가 약간 들어 있다. 부정기적으로 피는데 추운 겨울에 피면 아름다운 색이 난다. 화수가 약하기 때문에 지주를 할 필요가 있다. 적화의 교배 어미로서도 유명.

Lc. 아이렌 피니
"요크" AM / AOS

밝고 둥근 모양. 정형화로 16cm 정도의 매우 큰 꽃잎. 잎 목에 큰 황색 눈이 선명하게 들어 있다. 2개 피는 것이 표준. 밸브는 굵고 탄탄하다. 봄에 핀다.

C. 왈케라나

원산지는 브라질. 잎과 꽃은 각각 다른 밸브에서 나온다. 밸브는 10cm 정도의 방추형이고 잎은 10~12cm 정도의 장원추형. 바스켓에 키우면 잘 자란다. 개체 차이와 변종이 많다. 중~고온성. 가을~겨울에 핀다.

카토레야

Lc. 드람비트 "헤리티지" HCC/AOS

꽃송이가 크고 모양이 단정한 자홍색 꽃의 대표종. 부변은 프릴이 많고 커다란 릿프의 황색의 반점이 아름답다. 줄기는 대형이며 밸브가 굵은 것은 꽃이 4~6송이 핀다. 이와 흡사한 것으로서는 〈트라이안브〉가 있다. 겨울에 핀다.

Lc. 칼미난트 "라 츄레리"

꽃송이가 크다. 3~4송이 핀다. 릿프는 약간 긴 통상이며 목에 짙은 색깔의 조반이 있다. 키우기 쉽고 꽃모양도 좋아서 영리재배에 쓰여져 있다. 봄에 핀다.

C. 아메지스트그로서

브라질산의 원종. 꽃송이는 중형·다화성의 쌍엽종. 페탈은 약간 좁고 짙은 자홍색의 반점이 표리에 각각 나타나고 있다. 반점의 모양도 각각 차이가 있다. 줄기의 높이는 약 50센티. 줄기 가르기를 하면 약해질 경우가 있다. 겨울에 핀다.

Slc. 파프리카
"블랙 매직" HCC / AOS

중간 크기의 좋은 모양을 지닌 짙은 주적색의 꽃으로 추운 시기에 피면 꽃의 진가를 발휘하지만 따뜻한 시기에 피면 페탈에 붉은 색의 망이 나타나는 경우가 있다. 그루는 중형으로 만들기 쉽다. 별 개체도 있다. 겨울~봄에 핀다.

Slc. 발쟉
"빌리 마일즈" AM / AOS

중대형. 두꺼운 정형화로 짙은 적홍색계의 명화. 잎 중심에 보이는 주두의 백색이 특히 눈에 띤다. 그후는 중형으로 Slc로서는 만들기 쉬운 품종이다. 이 외 우수한 개체에 "이브링", "매직 파이어" 등 몇 가지가 있다. 겨울에 핀다.

Slc. 마지 포다이스
"레드 오브" HCC / AOS

환형으로 두꺼운 정형. 작은 꽃이 5~8개 핀다. 이 "레드 오브"가 본종 중 가장 짙은 색. 그루는 소형으로 만들기 쉽고 곧 충실해진다. 이와 비슷한 개체로 "레드 데리샤스", "루비 라이트" 등이 있다. 봄에 핀다.

카토레야

Lc. 팔콘 "알렉산드리아" FCC/RHS

소형. 짙은 적색꽃의 대표종으로 적화의 개량 어미로서 자주 쓰인다. 그루는 중형으로 다소 만들기 어렵다. 비슷한 개체인 "웨스턴 버드"와 함께 65년 전에 등록된 고품종인데 지금도 인기가 있다. 겨울에 핀다.

C. 아이린 윌슨 "죠지 케네디"

중대형·양형의 설백색화로 다륜성. 잎 목에 황색의 점이 있다. 튼튼하여 만들기 쉽고 게다가 화립이 좋으며 꽃이 오래 간다. 여름에 핀다.

Bc. 퍼스트텔 "이노센스"

큰잎·정형화로 꽃이 도톰하고 꽃이 오래 가서 좋다. 잎은 크고 주위에 잔금이 아름답다. 앞쪽에 길이의 굵은 밸브에 타원형의 잎이 자란다. 화경은 완성된 밸브 상부에서 2~3개 경사지게 나오고 화경 6~7cm의 꽃이 7~10개 자란다. 꽃은 오래 가지 않는다. 튼튼하여 곧 그루가 된다. 중온성. 초여름에 핀다.

C. 사마 스타
꽃송이는 중형. 약간의 다화성. 꽃모양은 그다지 좋지 않으나 순백색이며 릿프도 희다. 화변이 두껍고 꽃이 오랫동안 피고 있다. 비교적 꽃이 적을 때 피는 백화이기 때문에 한 화분 정도는 있어도 좋다. 건전하며 키우기 쉽다. 곧 큰 줄기가 된다. 여름~가을 핀다.

Lc. 제이 마켈 "삼 샤브" AM/AOS
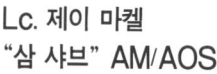
꽃송이는 대형. 백색의 페탈과 짙은 자홍색에 황색의 눈이 있다. 정평 있는 꽃이다. 밸브가 옆으로 기울는 성질이 있으므로 지주로 받쳐줄 필요가 있다. 가을~겨울 핀다.

Lc. 스티판 오리버 포레이카 "아디손" HCC/AOS
꽃송이는 대형. 모양이 단정하다. 백변·붉은 릿프화의 대표종. 줄기는 대형이며 키우기 쉽다. 이와 흡사한 것으로서는 "엘프 차스토" "리리안 윌손" 등이 있다. 겨울에 핀다.

카토레야

Blc. 프란시스 마일스 "러브리" AM / AOS

대형·정형으로 황녹색의 비교적 새로운 꽃. 페탈은 시간이 지나면 황색으로 변한다. 립은 목이 열려 있는 것은 좋지만 환형으로 크고 목에 황색의 줄기가 들어 있다. 봄~여름에 핀다.

Slc. 로즈마리 켈니 "아리시아" HCC / AOS

다륜성으로 벨브는 가늘고 길다. 꽃은 중간 크기이고 페탈은 전개되는데 폭은 그다지 넓지 않다. 립은 가늘고 길며 목에 황색 줄기가 들어 있다. 그다지 튼튼하지는 않다. 겨울~봄에 핀다.

Blc. 와이키키 골드 × 페이 미야모또

두툼한 황색 잎. 적색 립의 꽃이 생기는 것을 희망하여 황녹색·중륜화·여름에 피는 와이키키 골드와 짙은 적색 꽃잎·적색 립의 여름에 피는 페이·미야모또를 교배했는데 이 개체는 이와 같이 복잡한 색의 꽃이 되었다. 봄에 핀다.

Blc 표
"골덴 스론" GM/8th WOC

꽃송이는 중형. 페탈, 릿프 모두 황금색이며 릿프에는 끝쪽으로부터 삼각형으로 적홍색이 들어가 있다. 화변은 두껍고 꽃이 오래 간다. 줄기는 중형이며 건전하다. 흡사한 것으로서는 〈레가시〉〈스펠본드〉 등이 있다. 여름~가을 핀다.

카토레야

Blc. 메모리아 헤렌 브라운 "스위트 아프톤" AM/AOS

대륜·양형. 다륜성의 황녹색계 꽃이 대표종. 처음 피면 녹색이 옅지만 점점 짙어 진다. 꽃이 오래가고 많이 피운 꽃들이 겹쳐져 버릴 우려가 있다. 립은 기품이 있다. 봄~여름에 핀다.

Lc. 레모 프라다 "크라운"

대륜의 매우 특이한 꽃이다. 새하얀 페탈 중앙에 한일자로 모양이 들어간다. 립은 환형이고 목에 황색의 눈이 있어 매우 눈에 띤다. 겨울에 핀다. 이 외에 "로쟈 야마구시" 등의 개체가 있다.

Lc. 올가 "체르시" AM/RHS

특징있는 꽃의 대륜화. 백지의 페탈에 큰 쐐기 무늬가 들어 있다. 립은 채변이고 목 양쪽에 황백색의 눈이 확실이 들어 있는 매우 화려한 꽃이다. 가을에 핀다.

Blc. 쥬웰 그로 "하가돈"

꽃송이는 중대형. 모양이 좋은 등색꽃으로서 페탈의 중앙은 주등색으로 물들고 있다. 릿프의 주위는 등적색으로 물들고 있으며 목 부분에는 짙은 황색으로 화려하다. 성질은 건전하여 키우기 쉽다. 겨울~봄 핀다.

카토레야

**Slc. 헤젤 보이드
"엔페라" BM / JOGA**
　중소륜·정형으로 두툼한 잎의 꽃을 3장 정도 만든다. 그루가 작아도 꽃이 잘 나와 만들기 쉽다. 이와 비슷한 "올리비아"가 있고 그 외 적색계, 등색계, 황색계의 10여 개체 등도 입상한 인기 있는 새로운 소형종. 겨울~봄에 핀다.

Lc. 로호

카토레야 오란티아카와 레리야 미레리의 원종끼리의 교배에서 생겨난 꽃으로서 미레리를 닮고 있다. 화형은 꽃송이는 소형 다화성. 줄기는 소형이며 성질이 단단하여 키우기 쉽다. 줄기가 커지면 화경이 몇 개 서게 되어 그 모습이 아름답다. 봄에 핀다.

C. 오란티아카

원산지는 중앙아메리카 일대. 다화성이며 직경 3센티 정도의 소형의 꽃이 4~6송이 핀다. 릿프에는 조반에 적자색의 점이 들어 있다. 밸브는 봉상이며 40센티 정도 뻗는다. 두 장의 잎을 붙이고 있다. 성격은 단단하여 잘 자란다. 중~고온성. 가을에 핀다.

신비지움

신비지움은 그 모습이 동양적인 느낌을 가지게 하는 데다가 저온에서도 재배할 수 있어 여기 저기의 가정의 현관이나 창가에서 피어 있는 것을 볼 수 있다.

흔히 잎만 자라고 꽃은 피지 않는다고 하지만 재배 포인트만 습득하고 있으면 어느 품종도 재배법은 거의 같기 때문에 꽃이 잘 핀다.

Cym. 로즈빌
"양 레리"

복숭아색계의 중형 신비지움으로서 꽃송이는 대형이며 화변이 두껍다. 꽃모양은 단정하고 화경은 7~8센티. 암복숭아색꽃이 열 송이 정도 핀다. 릿프는 백색 바탕에 짙은 복숭아색의 작은 점이 V자형으로 나타난다. 씩씩한 인상을 주는 꽃이다. 키우기 쉽다. 봄에 핀다

신비지움

Cym. 파레스 코트
백화계의 대형 신비지움. 꽃은 정형의 큰꽃. 이 개체는 상당히 핑크이고 립에는 적색의 작은 점이 들어 있어 밝은 인상을 준다. 겨울~봄에 핀다.

Cym. 으라라

소형의 신비지움이며 꽃송이도 중·대형. 백색계의 모양이 단정한 꽃이다. 도백색이며 중앙에 연한 색의 맥이 있다. 백색 바탕의 릿프에 적자갈색의 작은 점들이 V자형으로 나타내고 있어 상쾌한 느낌을 준다. 겨울에 핀다.

신비지움

Cym. 야스고 오지

황녹색계의 중형 신비지움. 꽃송이는 소형 연한 황녹색을 나타내고 있다. 화경은 4~5센티 정도. 릿프에는 유백색 바탕에 연한 도황색의 작은 점이 있다. 담백한 인상을 주는 품종이다. 겨울에 핀다.

Cym. 왈쓰 "그린 그라스"

황녹색계의 중형 신비지움이다. 꽃송이는 중형. 화경은 5~6센티 정도. 릿프는 황백색 바탕에 연한 도색의 작은 점이 V자형으로 나타난다. 겨울에 핀다.

Cym. 미네켄 고바이

적화계의 중형 신비지움. 꽃송이는 중형. 꽃은 암도홍색이며 화경은 5~6센티 정도. 릿프는 흰 바탕에 짙은 적홍색의 반점이 많이 나타난다. 키우기 쉽고 꽃이 오래 핀다. 겨울에 핀다.

Cym. 메리 핀체스

황색화계의 중형 신비지움으로 중륜·환변의 양형화. 화경 5~6cm의 짙은 황금색화로 중앙에 엷은 등적색의 맥이 들어 있다. 립은 황백색지에 V자형의 적홍색 반점이 들어 있다. 꽃서는 모양이 매우 좋다. 겨울에 핀다.

Cym. 란세롯트 "무레사기"

백화계의 중형 신비지움으로 중륜의 양형화가 핀다. 이 개체는 분홍색을 띠고 화경 5~6cm 정도. 립은 황백색 바탕에 짙은 등색의 반점이 들어 있다. 별개체에는 백색 외에 암도색 꽃도 있다. 겨울에 핀다.

Cym. 스위트 하트

백화계의 중형 신비지움. 화경 6~7cm의 중대륜·환변의 양형화가 붙는다. 립에는 적홍색의 작은 점이 넓게 들어있다. 백색이나 크림색 등 개체차가 많다. 튼튼하여 만들기 쉽고 꽃오름도 좋다. 겨울

Cym. 미미 "마리 비"

꽃송이는 중형. 화변은 둥글고 모양이 단정하다. 적색계의 소형 종. 화경 5~6센티. 암도적색에 가늘고 하얀 테두리가 있다. 릿프는 흰 바탕에 암적색의 반점이 V자형으로 나타내고 있다. 붉은 꽃으로서 아름다운 품종. 겨울~봄에 핀다.

Cym. 반다 "63-D"

꽃송이는 대형. 둥글고 모양이 단정한 적색계의 대형종. 화경은 7~8센티. 암도적색의 짙은 줄무늬가 있다. 가느다란 테두리가 있으며 릿프는 황색 바탕에 선명한 적홍색의 작은 반점이 V자형으로 되어 있다. 안정된 적색계 꽃으로서 꽃이 오래 피고 있다. 봄에 핀다.

Cym. 산크스 기빙

꽃송이는 대형. 화변은 둥글다. 모양이 단정하며 황색계의 중형 종이다. 화경은 7~8센티. 황녹색에 암등색이 약간 들어 있는 꽃이다. 릿프에 선명한 적홍색의 반점이 V자형으로 잘게 나타나 있다. 성격은 단단하고 꽃이 오래 간다. 봄에 핀다.

덴도로비움

덴도로비움은 연말 연시의 꽃으로서 다른 화분을 대신하여 자가용이나 선물용으로서 쓰일 정도로 일반적인 꽃이 되었다. 신비지움처럼 저온에서 재배할 수 있어서 보급하고 있는데 가을의 재배만 주의하면 특별한 원종 이외는 거의 재배방법이 같기 때문에 온실 아니라도 꽃이 피는 시기가 약간 늦더라도 꽃을 피게 할 수 있다.

Den. 아그레가담 마쟈시

원산지는 타이, 버마 일대. 5~10센티의 방추형의 밸브에 10센티 정도의 장수원형의 잎을 하나 붙이고 밸브 상부의 마디에서 20센티 정도 화경을 비스듬하게 내고 약 4센티의 꽃을 많이 붙인다. 헤고판에 식부하면 잘 자란다. 중온성. 초여름에 핀다.

덴도로비움

Den. 피랄디

원산지는 버마, 밸브는 60~70cm로 가늘게 뻗어 쳐진다. 낙엽진 밸브 각절에 지름 4cm 정도의 꽃을 2장씩 만든다. 꽃은 오래 가지 않는다. 이와 비슷한 로디게시와의 교배종이 있다. 중온성. 봄에 핀다.

Den. 크리소르키삼

원산지로 버마, 타이, 히말라야 등. 약 15센티의 잎을 4개 정도 붙이고 가늘고 긴 봉상의 밸브의 윗부분에서 20센티 정도의 화경을 비스듬히 내고 3~4센티의 꽃을 많이 가진다. 키우기 쉬우나 꽃이 오래 가지 못한다. 중온성. 초여름에 핀다.

덴도로비움

Den. 덴시프로람
원산지는 인도, 버마. 상부에 15cm 정도의 잎을 3~4장 단 30~40cm의 각진 봉상 밸브의 정수리 부분에서부터 20cm 전후의 화경을 늘어뜨리고 지름 4cm 정도의 꽃을 만든다. 만들기 쉽고 특히 일조를 좋아한다. 중온성. 초 여름에 핀다.

Den. 핀브피아탐 오크레아탐
원산지는 버마. 밸브는 조릿대 상이고 높이 80~100cm. 밸브 상부에서 20cm 정도의 화경을 비스듬히 뻗고 지름 5cm 정도의 립의 아름다운 꽃을 10장 정도 만든다. 꽃은 그리 오래 가지 않는 편이다. 중온성. 초여름에 핀다.

Den. 세닐
원산지는 버마. 세닐이란 백색 머리라는 의미이고 밸브나 잎에 회백색의 털이 밀생한다. 밸브는 비교적 두껍고 길이는 15~20cm이고 각절에 지름 5cm의 꽃이 2개씩 자란다. 꽃은 오래 가지만 만들기 어렵다. 중~고온성. 겨울~봄에 핀다.

Den. 세군담

원산지는 타이, 버마, 필리핀 등. 밸브는 굵은 봉상. 잎이 떨어진 밸브 상부의 마디에서 약 10센티의 화경을 옆으로 내어 직경 2센티 정도의 나팔상의 꽃을 밀접하게 붙인다. 키우기 쉽다. 일조를 좋아한다. 중~고온성. 봄에 핀다.

덴도로비움

Den. 케니코
원종인 Den. 미야케이와 Den. 빅토리아 레기네와의 교배종. 밸브는 가늘고 길며 특히 뿌리는 가늘다. 지주를 받치지 않으면 늘어진다. 화경은 3cm이고 밸브의 각 절에 4~5장씩 핀다. 화색에 개체차가 있다. 중온성. 부정기적으로 핀다.

Den. 갓톤 산레이
매우 오래 된 교배종. 40~50cm 길이의 굵은 밸브에 타원형의 잎이 자란다. 화경은 완성된 밸브 상부에서 2~3개 경사지게 나오고 화경 6~7cm의 꽃이 7~10개 자란다. 꽃은 오래 가지 않는다. 튼튼하여 곧 그루가 된다. 중온성. 초여름에 핀다.

Den. 하쯔시모
편친에 셋코크(소형 원종)을 지니는 교배종이므로 그루는 작고 밸브는 25cm 정도이고 가늘다. 꽃은 새하얗고 립 목에 녹색의 점이 있어 산뜻한 느낌이 든다. 화경은 약 4cm. 튼튼하고 꽃섬이 좋다. 저온성. 겨울에 핀다.

Den. 마로네스 "블본"

꽃송이는 대형. 화변이 두껍고 모양이 단정하다. 화경은 6~7센티. 짙고 선명한 자홍색, 릿프에는 황갈색의 눈이 있다. 품위 있는 꽃이다. 표준직인 방법으로 키우면 된다. 밑은 입상화가 있다. 저온성, 겨울~봄에 핀다.

덴드로비움

Den. 호심스메 "캐나리"
대륜·환변의 정형화로 화경은 6~7cm. 백색의 끝에 엷은 홍색이 들어 있고 립이 짙은 오렌지색의 기품있는 꽃이다. 표준적인 만들기로 좋다. 이와 비슷한 개체로 "하밍" 등이 있다. 저온성. 겨울~봄에 핀다.

Den. 스노우 프레이크 "오토메" SQ / JOGA
중륜·후변의 환형·정형화·화경이 5~6cm 정도의 짙은 홍색 꽃으로 기부는 열고 둥근 맛이 있다. 립은 백지에 짙은 홍색의 눈이 들어 있고 선단은 선홍색을 띠고 있다. 소형 덴드로비움으로 꽃오름도 좋다. 저온성. 겨울에 핀다.

Den. 럭키 레이디
중대륜·정형화. 화경 5~6cm 정도의 자홍색 꽃으로 립목은 황색의 큰 눈이 있고 주위가 자홍색. 그루의 크기는 표준적이고 만들기 쉬운 품종이다. 저온성. 겨울~봄에 핀다.

Den. 오리엔탈 페러다이스
"오로라"

중형 꽃송이. 화경은 5~6센티. 크림색의 꽃이며 화변 끝은 자홍색을 나타내고 있다. 릿프에는 등황색이며 목에 적갈색의 반점이 있다. 키우기 쉽다. 꽃이 오래 간다. 저온성. 겨울~봄에 핀다.

Den. 골덴 아로 BM/JOGA

대형 꽃송이. 화변은 두껍다. 모양이 단정하며 화경은 6~7센티. 짙은 황색의 꽃이다. 같은 색깔의 릿프에 짙은 적갈색의 눈이 있다. 특히 꽃들이 밀착하고 있어서 보기에 훌륭해 보인다. 표준적인 방법으로 키운다. 저온성. 겨울~봄에 핀다.

Den. 플라밍고

중·대형 꽃송이. 백색계의 꽃이다. 화경은 5~6센티. 하얀 화변의 끝에서 부터 안쪽으로 연한 도색이 들어갈수록 희미해지고 있다. 릿프에는 흰 바탕에 짙은 자홍색의 눈이 있어서 이 꽃의 포인트가 되고 있다. 단단하여 키우기 쉽다. 저온성. 봄에 핀다.

Den. 나가사끼×사기무스메

중형 꽃송이. 백색계의 꽃이며 한쪽 부모인 사기무스메를 닮은 꽃이다. 화경은 5~6센티의 순백한 꽃이며 릿프는 황백색의 고상한 백화이지만, 약간 밑으로 보고 피는 것이 아쉽다. 저온성. 봄에 핀다.

소형 양란(洋蘭)

양란 애호가가 재배하고 있는 품종은 카토레야, 렌도로비움을 비롯하여 일반적인 것만도 수십종이나 된다고 한다. 꽃이 아름다운 것, 색다른 형태의 것 등 천차만별이며 그 흥미의 깊이는 양란 재배 아니면 느껴 볼 수 없으므로 그 중에서 줄기가 소형의 것을 소개하기로 한다. 구입하기 쉽고 재배에 쉬운 것부터 꽃 피게 해 주시기 바란다.

리카스티 브레비스파사(칸디다)

원산지는 과테말라, 코스타리카, 파나마. 밸브는 타원상의 달걀형이며 7센티 정도. 잎은 10~30센티로 5~6개 붙어 있으며 낙엽성이다. 1밸브에 직경 5센티 정도의 꽃이 6~8개가 선다. 개체에 따라서 반점에 차이가 있다. 중온성. 겨울에 핀다.

소형양란

Paph. 데레나티
원산지는 베트남인데 산채는 없고 모두 실생이다. 화경은 길고, 둥근 페탈에 립을 지닌 아름다운 꽃을 2장 만든다. 잎은 암록색의 대리석 모양으로 다소 입성. 만들기 쉽다. 중~고온성. 초여름에 핀다.

Paph. 죠세핀 "스와더"
환형·정형의 중대륜화로 황녹색의 표준적인 꽃인데 일조가 강하면 황색이 짙어 진다. 성질은 튼튼하여 만들기 쉽고 꽃섬도 좋다. 그 외에 "스이류", "시트롱" 등의 별개체가 있다. 저온성. 겨울에 핀다.

Paph. 사쯔마 "칼라딘"
우리나라 산의 고품종으로 중대륜·양형의 점화. 아름다운 점이 들어있고, 이 품종 중에는 "칼라딘"이 가장 좋은 꽃. 그루는 잘 자라 만들기 쉽다. "이쥬인", "시로야마"등의 별개체가 있다. 저온성. 겨울에 핀다.

Paph. 올치라 "칠톤"

꽃송이가 크고 둥근 형태. 모양이 단정하여 파피오의 붉은 꽃으로서는 최고의 명화. 꽃에 윤기가 있으며 하얀 테두리가 더 한층 꽃을 아름답게 해 주고 있다. 줄기는 표준적인 크기다. 키우기 쉬우나 이 꽃의 진가를 발휘하기 어렵다. 저온성. 겨울에 핀다.

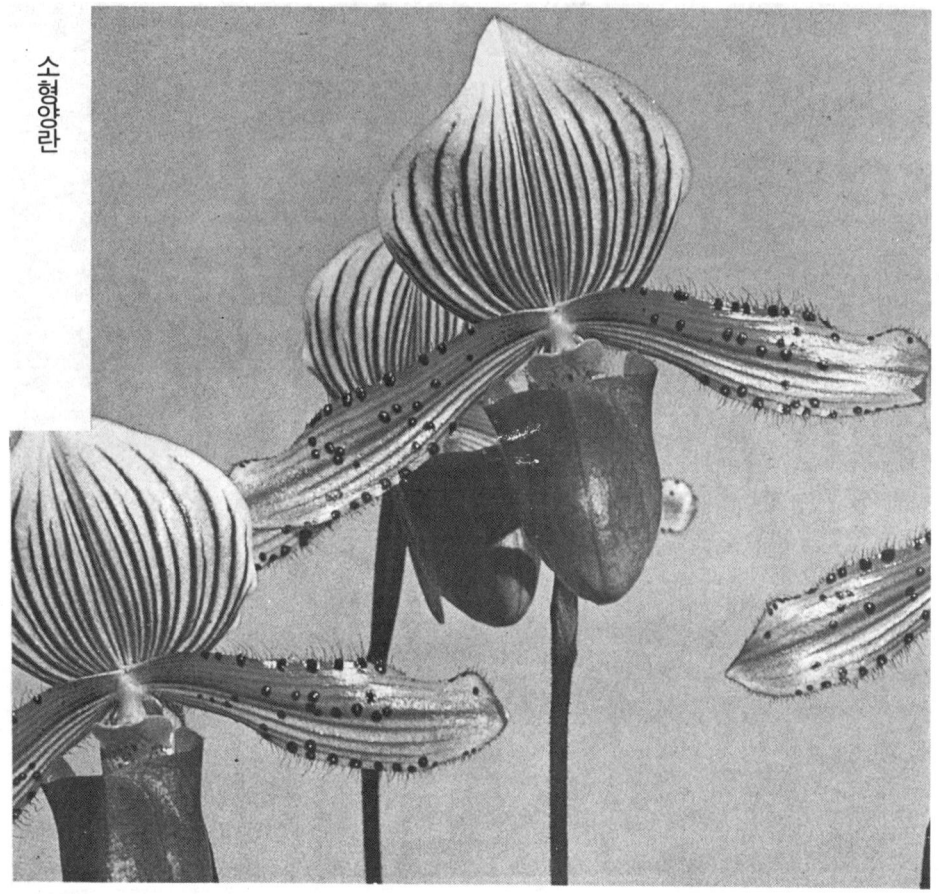

Paph. 다이아남

이것은 교배종인데 아주 비슷한 원종 다이아남이 있다. 잎에는 밝은 백색을 띤 대리석 무늬가 들어 있어 아름답다. 꽃은 중륜. 튼튼하여 잘 자라고 큰 그루로서 화경을 몇 개나 세우는 것은 멋있다. 저온성. 초여름에 핀다.

리카스티 아로마치카

원산지는 멕시코, 과테말라, 온두라스. 군생하기 쉬운 품종이다. 화경은 6~7센티 정도이며 향기가 난다. 개체 차이는 그다지 없다. 키우기 쉽다. 중온성. 초여름에 핀다.

리카스티 제이손×마그로블본

벨브는 약 12센티. 타원상의 달걀형이며 대형종에 속한다. 잎은 40~50센티로서 다섯 개 정도 붙어 있다. 낙엽성이며 화경은 7~10센티의 중형의 꽃이 핀다. 개체의 차이는 그다지 없다. 꽃은 오래가고 성질이 단단하여 키우기 쉽다. 중온성 겨울~봄에 핀다.

레리야 하포피라

원산지는 브라질. 약 30센티의 가늘고 긴 벨브에 20센티 정도의 가느다란 잎 한개를 붙이고 있다. 꽃 직경은 6~7센티의 별 모양의 꽃으로서 몇 개의 꽃이 붙어 있다. 개체에 따라서 색깔에 약간의 차이가 있다. 키우기 쉽다. 중온성. 봄에 핀다.

레리야 신코라너

원산지는 브라질. 3~4센티의 밸브가 군생하는 왜성종. 5~6센티의 타원형으로 두꺼운 잎이 밸브에 한 개씩 붙어 있다. 화경은 6~10센티이며 1~2개의 꽃이 붙는다. 개체에 차이가 많다. 물을 주는데 조심하고 키우면 된다. 중온성. 초여름에 핀다.

레리아 골디아나

원산지는 멕시코. 밸브는 12cm 정도의 원추형이고 끝이 가는 가죽 성질의 잎이 2장 자란다. 화경은 10cm 전후이고 50cm 정도의 화경 끝에 6~7개 자란다. 튼튼하여 만들기 쉽다. 큰 그루가 된다. 중온성. 초여름에 핀다.

밀트리아 고든 화이트

짙은 홍색계의 밀트리아의 대표 화초. 대륜의 정형화가 4장 정도 붙는다. 추운 시기에 피는 편이 색이 잘 난다. 튼튼하여 만들기 쉽고 꽃오름이 좋다. 여름은 70% 정도의 차광으로 시원히 해 주고 물도 많이 준다. 중온성. 봄에 핀다.

밀트니아 라이움 라이트 ×JM 블랙

짙은 홍색의 교배종 중 1개체로 이 꽃은 전체적으로 폭 넓은 복륜이 있는 것이 특징인데 가는 복륜이 있는 것이 많고 개체차가 많다. 만들기 쉽고 꽃오름도 좋다. 중온성. 봄에 핀다.

브라사보라 프라그란스(페리니)

원산지는 브라질. 잎은 봉상이며 가느다란 홈이 있고 길이 약 30센티이며 하수엽이다. 5센티 정도의 짧은 화경에 직경 6~7센티의 자방의 긴 꽃을 4~6개 붙이고 있다. 꽃향기는 밤에 잘 난다. 헤고판에 식부하면 잘 자란다. 저온성. 초여름에 핀다.

브라사보라 디그비아나

원산지는 멕시코에서 중앙 아메리카. 회백색이고 두툼한 잎을 1장 가진다. 화경은 13cm 전후. 립의 주변에 사상의 가는 줄이 있는데 카트레아종의 립에 아름다운 프릴을 도입하기 위해 어미로 썼다. 중~고온성 여름에 핀다.

치시스 레이비스

원산지는 중앙 아메리카. 가늘고 긴 30~40cm의 방추형을 한 벨브가 다소 쳐져 있다. 새싹의 신장과 함께 화경이 나타나고 지름 6cm 정도의 꽃을 6~7개 단다. 바스켓에 키우면 잘 자란다. 중~고온성. 겨울~봄에 핀다.

트리코피리아 스와비스

원산지는 파나마 콜롬비아. 벨브는 8cm 정도의 평평한 환형이고 15~20cm길이의 폭 넓은 잎을 단다. 동시에 2개 정도의 화경이 나오고 지름 10cm정도의 꽃을 3~4장 씩 단다. 다소 만들기 어렵다. 중~고온성. 겨울~봄에 핀다.

세로지네 오크라세아
원산지는 인도 북부의 산지. 밸브는 5cm 정도의 난형이고 광택이 있은 황녹색을 띤다. 새싹의 사이에서 직립한 화경이 뻗고 지름 3cm 정도의 꽃을 5~6장 단다. 여름은 시원하게 해 줄 것. 저온성. 초여름에 핀다.

콘드 로링카 디스카라
원산지는 중앙 아메리카. 장타원형의 광택이 있는 20cm 정도의 잎을 5~6장 단다. 밸브는 거의 없다. 5~7cm의 화경에 향기있는 꽃을 하나 단다. 이 개체는 화색이 짙다. 중온성. 초여름에 핀다.

온시지움 포베시
원산지는 부라질. 10cm정도의 평평한 타원형 밸브의 끝에 장타원형을 한 가죽 성질의 잎을 2장 단다. 화경은 분지되고 6~7cm정도의 꽃을 많이 다는데 개체차가 있다. 다소 만들기 어렵다. 저~중온성. 가을에 핀다.

온시지움 스프렌디람 × 흐레시끼오사무

5~7센티의 평평한 밸브 끝에 15~20센티의 잎을 2개 붙이고 있다. 화경은 40~50센티 뻗고 갈라져서 3~4센티의 꽃을 많이 피게 한다. 꽃이 오래 간다. 키우기 쉽다. 중온성. 여름에 핀다.

온시지움 마가리 "코트"

마크란삼과 살고디스의 교배종이다. 꽃은 살고디스를 닮고 있다. 7센티 정도의 평평한 달걀형의 밸브에 약 25센티의 잎을 두 개 정도 가지고 갈라진 가지에 70~80센티의 화경에 5~6센티의 꽃을 많이 피게 한다. 중온성. 봄에 핀다.

에리데스 로렌사

원산지는 필리핀. 길이 20cm 정도의 가죽질 띠모양의 잎을 좌우로 늘어뜨린 것과 같은 모습을 하고 있다. 꽃송이는 잎의 사이에서 활모양으로 늘어뜨려지고, 지름 3cm의 꽃을 매달고 있다. 상당히 신비스러움을 주는 꽃으로서 아름다운 방향(芳香)이 있다. 고온성(高溫性). 여름에 핀다.

소형양란

시크노치스 크로로키론
원산지는 파나마, 코론비아 등. 20~30센티의 원통상의 밸브 상부에 길이 20~30센티의 폭이 넓은 잎이 4~5개 생긴다. 밸브 상부의 마디에서 화경이 나와 6~8개의 꽃을 피게 한다. 중온성. 봄~여름에 핀다.

로도리켓치아 베니스터

원산지는 브라질. 2cm 정도의 작은 밸브에 15cm 정도의 가죽질 잎이 호생한다. 화경은 잎 사이에서 여러 개 나오고 지름 2cm 정도의 꽃을 2열로 정연히 만든다. 만들기 쉽다. 중~고온성. 여름에 핀다.

에란기스. 로드 스틱터

원산지는 동부 아프리카. 회녹색을 한 두툼한 5cm 정도의 잎을 가지는 종류. 옆으로 뻗은 15~20cm 화경에 평평한 꽃을 정연히 만들어 아름답다. 잘 자란다. 중~고온성. 겨울~봄에 핀다.

에란기스 비로바

원산지는 아프리카 동해안. 잎은 회녹색을 하고 있고 암갈색의 작은 점이 있고 10cm 정도의 채형. 외성종. 화경은 20~30cm료 쳐져 있고 4cm정도의 성형최기 2열로 자란다. 잘 자란다. 중~고온성. 겨울에 핀다.

소형양란

곤고라 가레아타
원산지는 중앙 아메리카. 밸브는 5~7cm의 난형이고 옆으로 덩굴이 있고 그 정수리에 20cm 정도의 잎이 두 장 붙는다. 화경은 가늘고 수개가 늘어져 있고 이상한 모양의 꽃을 많이 자라게 한다. 바스켓에서 잘 자란다. 중~고온성. 여름에 핀다.

에피덴드람 마리에
원산지는 멕시코. 6cm 정도의 백분을 띤 원추형의 밸브 정수리에 길이 10cm 전후의 동색 잎을 2장 만든다. 잎 사이에서 15~20cm의 화경이 나오고 지름 6~7cm의 꽃을 3~5장 만든다. 여름은 시원하게 해준다. 중온성. 초여름에 핀다.

에피덴드람 스탄포디아남 그레네리
원산지는 중앙 아메리카. 밸브는 뿌리가 가는 방추형으로 20cm. 12cm 정도의 잎이 2~3장 생긴다. 분지한 35cm 정도의 화경에 3cm 정도의 꽃이 많이 핀다. 이 개체는 희소종이고 보통종은 황녹색이다. 중온성. 봄에 핀다.

오돈토그브삼 시트로스맘

원산지는 멕시코. 약 10센티의 평평한 원추상의 밸브 위에 길이 15~20센티의 폭이 넓은 잎을 두 개 붙이고 있다. 화경은 가늘고 50-60센티 밑으로 내려 기고 직경 6센티 정도의 꽃을 7~8개 피게 한다. 개체차가 있다. 키우가 쉽다. 중온성. 초여름에 핀다.

소형양란

브일스테케아라 캠브리아 "프랫시" FCC / RHS

그루의 모습은 온시지움과 비슷하고 평평한 밸브에 20~30cm의 잎이 자란다. 화경은 잎 사이에서 나오고 분지하여 50~60cm가 된다. 꽃은 지름 7~8cm로 아름답고 오래 간다. 만들기 쉽다. 중~고온성. 겨울~봄에 핀다.

브라샤 기레오디아나

원산지는 코스타리카. 밸브는 10센티 정도의 약간 평평한 원추형이며 25센티 정도의 잎이 2~3개 붙어 있다. 화경은 약 40센티. 꽃 직경은 약 20센티 이색직인 꽃이 10개 징도 핀다. 성격이 단단하며 키우기 쉽다. 벨코사를 닮고 있다. 중온성. 봄~여름에 핀다.

Paph. 베라튜람

원산지는 버마. 페탈은 폭이 넓고 둥글다. 크고작은 아름다운 반점이 있다. 화경은 짧고, 잎 가운데 꽃술처럼 꽃이 핀다. 잎은 대리석 모양을 띠고 있다. 왜성종이며, 기르기 쉽고, 그루를 만들기 쉽다. 중·고온성이며, 겨울~봄에 핀다.

양란(洋蘭) 기르기의 기초상식

원산지와 양란의 성질

양란 중에서도 일반적으로 잘 알려져 있는 것은 카토레야, 신비지움, 덴도로비움 등이지만 그 외에도 많은 종속이 있다. 줄기를 키우는 방법 하나에 있어서도 카토레야처럼 밸브의 기부에서 새싹이 나와 차례차례 옆으로 뻗어나가 화경이 몇 개나 서게 되는 복경성의 것이나 반다처럼 정상에서 차례차례 잎을 내면서 위로 위로 뻗어나가는 단경성의 것이 있는 것처럼 다양한 형태와 성질을 가진 여러 종속의 원종이나 교배종이 재배되고 있다.

원산지는 열대·아열대권

원예적으로 가치가 있는 양란 원종의 원산지는 적도를 사이에 두고 남·북위 30도 사이의 열대·아열대권에 있다. 지금까지 소개되어 있는 것을 대별해 보면 ①열대아시아지역(오스트레일리아 북부 포함)에 덴도로비움을 비롯한 파피오페디룸 등 약 80종속, ②아프리카 남부지역(부근의 여러

단경성 양란

복경성 양란

섬을 포함)에 안그레캄 등 약 30종속, ③열대 아메리카 지역에 카토레야를 비롯하여 온시지움 등 약 140종속이 된다.

원산지의 해발 차이도 크다

그러한 지역내에서도 종속에 따라 말레이지아의 암반이나 아마존강 유역의 늪지대처럼 낮은데서 멕시코의 고원, 브라질의 해안산맥, 뉴우기니아의 고지 등 2천 5백미터 이상의 산지까지 분포되어 있어, 해안 부근에서는 30도를 넘는 무더운 곳도 있으나 높은 산지에서는 밤에는 기온이 내려가서 0도 가까이 되는 데도 있다. 열대나 아열대권이라고는 하지만 원래 자생하고 있던 장소에 따라 어느 정도의 추위에 견딜 수 있는 성질의 종류도 있으며 온대지대의 더위에 키우기 어려운 종류도 있다.

원산지의 습도와 수분

그러한 원산지를 보면 습도가 높아 언제나 찌는 듯한 지역에서 조석에 한해서 안개가 발생하는 곳, 스콜이 날마다 몇 번씩 있는데 혹은 건조기와 우기가 명확하게 나누어지고 건조기에는 한 방울의 비도 없이 약간의 안개가 낄 정도의 지역까지 있어서 각각 자연 환경의 리듬에 맞는 성질을 갖추고 생육하고 있다. 양란을 키우는 경우에도 각각의 종류에 갖추어진 그러한 성질에 맞도록 습도나 물 주기 방법을 고쳐야 할 필요가 있다.

착생종(着生種)과 지생종(地生種)

양란은 착생종과 지생종으로 대별할 수 있으며 착생종이 많다

착생종(着生種)-착생종은 보통의 화초처럼 땅에 뿌리를 내리지 않고 기근이라고 하는 뿌리를 공기 속에 뻗어 내거나 수목의 줄기나 가지의 표면에 뿌리를 펴고, 수목의 잎 그늘에서 생육하거나 나무 그늘 또는 양지바른 바위 표면에 뿌리를 펴고 생육하고 있다. 어디에 착생하는가는 종속에 따라 다르지만 모두가 공기 중의 수분을 흡수하고 노출된 뿌리가 영양분을 흡수하는 일을 하고 있으며 뿌리는 항상 젖이 있기를 좋아히지 않기 때문에 흙에 식부하지 않고 재배하고 있다.

기근을 수목의 줄기나 공중에 뻗어내고 착생하는 반다

 카토레야, 레리아, 덴도로비움, 온시지움, 반다, 파레노프시스, 에리데스, 린코스티치스 등이 착생종이다.
 지생종(地生種)-파피오페디룸, 신비지움, 카란세, 하베나리아, 데사 등이 지생종으로서 숲 속의 약간 어두운 지면이나 초원의 다른 식물과 함께 자생하고 있으며 땅 속에 뿌리를 내리고 있으며 뿌리가 심하게 건조되는 것을 좋아하지 않는다.

겨울에 두는 장소와 환경 조성

 덴도로비움이나 신비지움 등에 있어서는 초여름 경부터 가을까지의 기후는 온도도 습도도 거의 걱정이 없으나, 한여름의 밤은 너무 더울 정도이기 때문에 보통은 밖에 내놓고 키운다. 그러나 겨울부터 봄까지는 너무 춥

썬룸은 거실에서 꽃을 보고 즐길 수 있다

기 때문에 온실에 넣거나 집 안의 따뜻한 방이나 창가 등을 이용하여 키우거나 또 옥외라면 그린박스에 넣어 처마 밑에 매달거나 옥상 베란다에 놓고 재배하게 된다.

방 안에서 재배할 경우

난방 효과가 있어서 우리들이 생활할 수 있는 정도의 방이라면 양란에 있어서도 충분하지만 습도가 부족하므로 습도를 유지하는데 주의해야 한다.

낮에는 유리를 통해서 들어오는 햇빛을 잘 받는데 화분을 옮겨 놓고 줄기 전체에 분무기로 물을 뿌려 습도를 보충해 준다. 밤은 온도가 내려 가

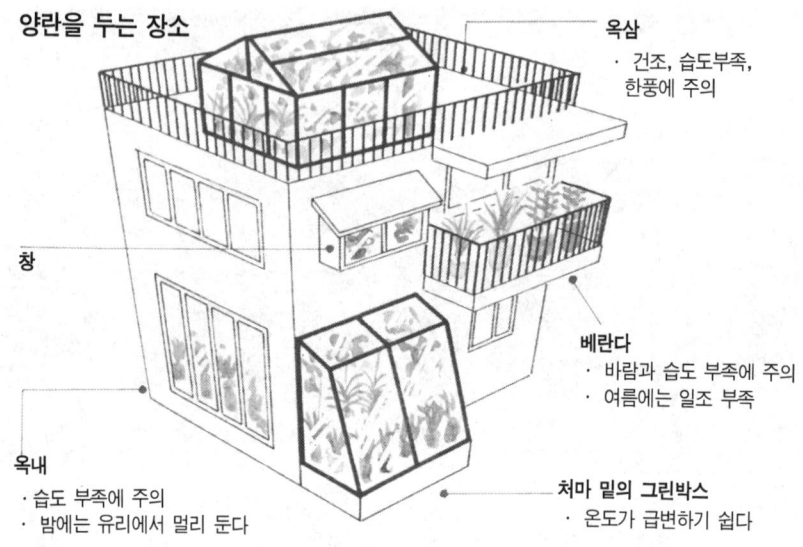

는 창가에서 옮기고 역시 물을 뿌려 보온과 보습을 위해 란볼박스 등으로 덮어 놓는다. 또 야간 난방이 그쳤을 경우 박스 안에, 전구를 넣어 보온하도록 한다

창가에서 재배할 경우

창가는 야간에 냉기가 돌기 때문에 안쪽에 비닐을 치고 또 방과의 사이에도 비닐을 쳐서 하나의 상자처럼 만든다. 주간에는 일광을 받게 되면 온도가 너무 오르는 경우가 있기 때문에 방쪽의 비닐을 열고 25도 정도로 조절하고, 밤에는 닫고 창문의 크기에 상응하여 가온 설비를 보온하여 10도 정도로 유지하도록 한다. 13도가 되면 카토레야도 재배 가능하다. 보습을 위해서도 충분히 시린지(분무기로 물을 뿌리는 것)를 한다.

봄부터 가을에는 처마 밑에 두고 키울 수 있다

썬룸에서 재배할 경우

 썬룸은 주간에는 일광을 잘 받게 되어 따뜻하지만 밤에는 몹시 냉기가 돈다. 따라서 천정과 측면 전체를 안쪽에서 비닐을 치고 사용하도록 한다. 일상생활에는 불편하지만 줄기의 상태를 언제나 볼 수 있어서 좋다. 썬룸은 거실 등과 연결되어 있어서 습도가 낮으므로 시린지나 물주기를 자주 하게 되어 바닥에 방수처리가 충분하지 않으면 곤란해진다.

처마 밑에 둔 대형 그린박스

그린박스의 이용

그린박스는 옥내에도 옥외에도 둘 수 있으나 히터 등의 가온설비가 필요하다. 용적이 작기 때문에 외부의 기상 변화를 받기 쉽다. 일광을 받게 되면 곧 더워지고 그늘이 되면 곧 냉기가 돌아 온실에 비하면 관리가 어렵고, 천창이나 측창을 개폐하는 등 세심하게 온도를 조절하지 않으면 내부의 식물은 약해진다. 또 야간에는 옥외의 그린박스에 잔손질이 가게 된

리빙룸에 이어진 썬룸

다고 해도 보온용 덮개 또는 헌 모포 등으로 덮어 주면 효과가 있고 난방비도 절약된다.

보온, 보습 효과가 높은 비닐치기

겨울은 썬룸이나 창가 온실 등의 유리 안쪽에 비닐을 유리에서 약간 띨어져서 치게 되면 단열 효과가 있어 보온에 도움이 될 뿐만 아니라 보습

거실에 이어진 온실

효과도 10% 정도 높아진다

전기 난방이 편리하다

양란의 생육 온도를 유지하기 위해서는 보온에 그치지 않고 가온 시설도 꼭 필요하다 그린박스나 창가 등에는 식물용의 전기 히터가 있으며 사용상의 안전성도 높아 제일 적합하다. 썬룸 등에는 온실용 소형 난로를 사용하게 되는데, 소형의 것은 자동 점화 장치가 없기 때문에 온도의 조절이 어렵다. 석유를 넣어야 할 시간과 손질이 필요하게 되므로 전기 난방에 비해서 싸가지만 관리상 편리하지 못하다

가습기로 습도 부족을 보충한다.

뜰에 세운 온실

겨울의 공기는 건조하여 양란이 상하기 쉽다. 그것을 방지하기 위해서는 시린지를 하는 방법 외에도 가정용 가습기를 이용하면 좋다

가정용 양란(洋蘭) 온실

양란을 잘 키우기 위해서는 겨울에는 온실에 넣고 가온하고 습도도 충분하도록 해 주는 것이 바람직하다.

온실은 일광을 잘 받는 뜰에 세우는 것이 제일 좋지만 마음대로 되지 않을 때가 많다. 한마디로 온실이라 해도 내부의 환경이나 관리방법이 다르고 식물을 키우는 방법도 다르다

가옥에 연결된 온실

반지하식 온실

거실에 접하고 있는 썬룸형의 온실은 양란과 동거하고 있는 상태이기 때문에 자주 눈길이 가서 관리상 편리하지만 거실 본의로 한다면 습도가 부족하게 되어 가습기나 시린지로 보습을 도모해야 한다. 또 습도를 충분히 유지하게 되면 건물 보전에 문제가 생긴다. 따라서 건물과의 경계나 바닥에 방습과 방수 대책을 세워 놓을 필요가 있다. 그 점에 대해서 건물의 외벽을 이용하고 세운 온실은 벽면에만 방습 처리를 해 놓으면 된다. 바닥이 흙 그대로라면 보습에 효과가 있고 관수나 살수에도 걱정없이 할 수 있다. 그러나 벽면 방향에서 일광이 들어오지 않기 때문에 줄기의 생육상 좋은 환경이라고는 할 수가 없다.

뜰에 세운 온실
온실의 환경으로서는 최량의 장소지만 주위의 수목이나 건물의 상황에

환기팬(셔터가 있는 것)

따라 일조에 문제가 생긴다. 하루종일 일광을 받게 된다면 최상이지만 하루에 반밖에 일광을 받지 못할 경우에는 될 수 있는대로 오전 중의 일광을 받도록 하는 것이 좋다. 오후에만 일광을 받게 되는 온실은 차광하든지 하여 오후의 일광을 조절하는데 주의할 필요가 있다.

온실의 방향

온실은 아무튼 동서방향으로 세우기 쉬운데 이것은 아침, 낮, 저녁의 일조에 의한 온실의 온도에 변화가 크다. 남북 방향으로 세우는 쪽이 온실 온도의 변화가 적어서 좋다.

보온 보습에 유리한 반 지하식 온실

온실의 허리 부분이 30~90센티 지하에 묻힌 반지하식 온실은 지온의 영향으로 보온성이 좋으며 보습면에서도 유리하다. 그러나 출입구의 처리

공기 흡수구(환기팬으로 빨아들인다)

나 침수를 막는 대책이 필요하다

옥상 온실의 경우

일조면에서는 지상보다 좋기는 하지만 습도가 부족한 장소이기 때문에 물탱크를 설치하든가 모래 등을 깔고 충분히 살수를 하는 등 보습에 노력해야 한다. 또 옥상은 바람을 잘 받게 되므로 겨울에는 안쪽에 비닐을 칠 필요가 있다. 태풍이 불 때는 지상의 온실보다 더욱 주의해야 한다.

알루미늄 온실은 안에서 비닐을 친다

목조 철골의 온실은 거의 볼 수 없으며 거의가 알루미늄 온실이다. 알루미늄은 썩거나 녹이 슬지 않아 좋지만 골조에서의 열 방사가 심하기 때문에 안쪽에서 비닐을 쳐서 난방비의 절약을 도모할 것.

통기용 선풍기 가습기와 물통

온실을 선택할 때의 주의사항

①골조가 단단해야 한다. ②틈에서 바람이 들어오지 않도록 되어 있는 구조. 특히 천창이나 측창의 문이 닿는데 특별한 패킹이 붙어 있는 것. ③양쪽으로 여는 문이 충분히 개방할 수 있도록 되어 있는 것. ④천창은 연창식으로 넓게 열 수 있는것. ⑤측창도 크고, 뗐다 끼었다 할 수 있는 것. ⑥신용할 수 있는 메이커의 제품. 이상과 같은 조건 외에 온실은 여름에도 사용하게 되므로 가능한 한 시원하게 할 수 있는 것이라면 좋은 온실이라 할 수 있다.

온실에 필요한 난방과 환기

온실은 유리상자와 같은 것으로서 외부의 기상 변화에 좌우되기 쉽고 내부가 좁기 때문에 외부의 기상보다 식물의 생육에 있어서 나쁜 환경이 되는 경우가 흔히 있다. 온실만 있으면 양란을 키울 수 있다고 하는 생각

여름의 차광재(줄이 있는 덮개)

은 잘못이며 보다 좋은 환경을 만드는데 마음을 쓰지 않으면 잘 키울 수가 없다.

여름에는 차광하고 창문을 개폐하면서 온도를 조절하고, 겨울에는 가온하고 시린지나 살수 등으로 보습에 노력하고 환풍기로 공기를 바꿔 주어야 한다.

가온을 위한 설비

온실의 난방은 양란을 키우는데 꼭 필요하다. 석유, 가스, 전기 등의 난방기구가 있으나 가정용의 소형 온실(3평 정도)에서는 전기 난방이 제일 간단하다. 기능적으로도 우수하다. 1평당 750W~1KW 정도의 용량의 것을 준비하고 자동 온도조절기로 자동적으로 설정온도(10~17도)를 유지하도록 한다. 다음과 같은 온실 전용 난방기구가 있다.

히터파넬—발열체가 얇은 판자처럼 되어 있는 것으로서 가장 많이 쓰고

온풍기

있다

　온상선-발열선에 두껍게 피복한 굵은 선인데 그것을 바닥을 높게 하여 보온에 사용하고 있다.

　온풍기- 1~3KW 정도의 것이 있다. 온풍기는 실내 공기를 높이는데 편리하지만 공기가 건조되기 때문에 가습기가 필요하다.

환기와 통풍이 중요하다

　통기는 실내 공기가 그대로 머물고 있지 않도록 공기를 교환한다. 양란은 특히 통기를 좋아하는 식물이기 때문에 난방과 함께 우선 통기용 팬을 준비해야 한다. 가정용 선풍기를 약하게 회전시켜 온실 내의 공기를 움직이도록 하면 된다.

　환기는 실내의 공기를 바꾸는 것으로서 외기를 받아들이는 것이 되는데 어느 정도 온도 조절에 도움이 된다. 환기에는 온실의 전면 높은 곳에 환기팬을 부착시키는데, 반내쪽의 낮은 곳에 공기의 출입구를 만들지 않으면 불완전하다.

히터파넬(필턴히터)

양란(洋蘭)의 선택방법

초보자는 가을에 피는 난이 키우기 쉽다.
가을에 피는 카토레야, 일찌기 피는(연말~정월에 핀다) 신비지움이나 덴도로비움은 새싹이 생장하여 충실하고 개화에 이르기까지의 기간이 따뜻한 시기에 해당되므로 미숙한 초보자에게는 적합하다. 처음에는 될 수 있는대로 이와 같은 품종을 선택하도록 하고 숙달되어감에 따라 겨울, 봄에 피는 난으로 늘려 나가는 것이 좋다.

재배설비가 불충분한 경우

실내같은 데서 키우는 경우에도 역시 가을에 피는 것 등을 고려하여 개화기를 보고 선택하게 되는데, 그 외에도 될 수 있는 한 저온성이고 튼튼한 것을 골라 키우고, 그 다음부터 중온의 것으로 키워 나가면 된다.

꽃이 피어 있는 양란 구입

꽃이 피어 있는 줄기는 실제로 꽃을 보고 마음에 든 것을 고르기 때문

카토레야의 묘(오른쪽부터 순서대로 좋은 묘)

덴도로비움의 묘 오른쪽이 좋은 묘

에 초보자가 구하는 데는 좋은 방법이지만 꽃이 피어 있지 않을 때보다 값이 오르게 된다.

전시회같은 데서 마음에 드는 것이 있으면 거기서 구입할 수도 있고 가지고 싶은 것을 메모해 놓았다가 업자에게 주문하여 구입할 수도 있다.

묘를 구입한다면

꽃이 핀 것은 팔고 있지 않는 경우 또는 값이 너무 비싸서 구입하지 못할 때는 묘를 구하게 된다. 묘의 크기는 그 품종이 개화할 때의 밑줄기의 크기에 따라 크기도 하고 작기도 하는데 보통 크기의 카토레야라면 9센티 화분의 묘를 훌륭하게 키워 나간다면 3년 정도에서 개화 줄기로 키워낼 수 있다. 그러나 좀 더 빨리 피는 것을 찾는다면 약간 비싸지만 그것보다 큰 묘를 구하도록 한다. 또 6센티 화분의 작은 묘도 있으나 재배에 어려움이 따르기 때문에 초보자에게는 권장하고 싶지 않다.

좋은 묘를 선택하는 포인트

묘가 많이 있으면 당혹하게 되는 일이 많은데 ①제일 크고 바르게 자란 것. ②품종에 따라 다르지만 단정하고 튼튼한 것. ③작은 묘에서는 싹이 많은 것. ④뿌리가 잘 퍼져 있고 밑줄기가 튼튼한 것. ⑤병충해를 입은 일이 없는 것. 사진의 카토레야의 경우 제일 왼쪽에 있는 것은 생장이 좋지 못해서 약하다. 그 옆의 것은 싹이 너무 많아 힘이 분산되기 때문에 전체적으로 크게 완성되지 않는다. 다음 것이 좋은 묘가 된다. 제일 오른쪽의 것은 신아가 약간 늦었으나 완성되면 두 번째 보다 커진다. 덴도로비움은 오른쪽이 신아가 굵고 벨브도 충실한 좋은 묘다.

물주기의 기본

양란은 일반적인 화초류처럼 물주기를 잊어버리기나 하면 곧 시들거나

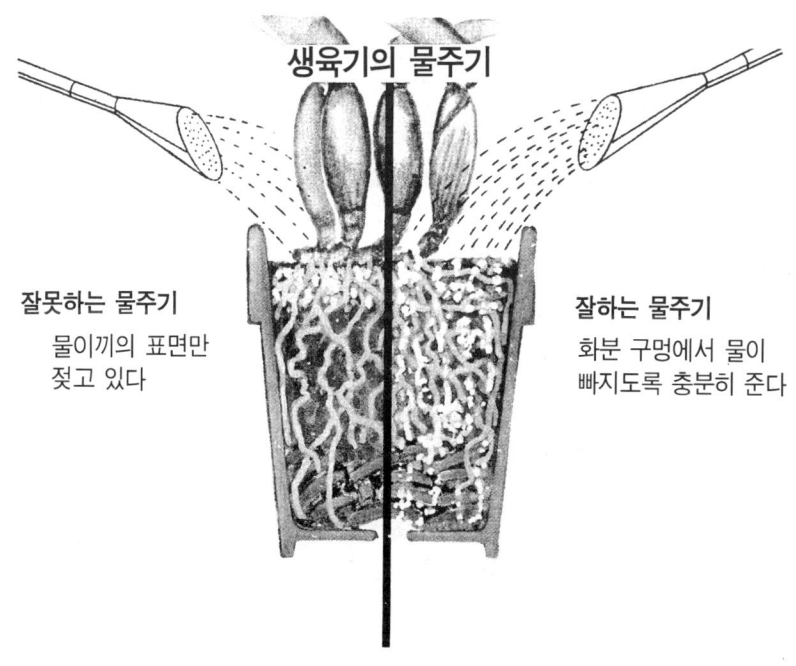

시린지

말라 죽는 일은 없으나 성질을 이해하지 못하고 무심하게 물을 주고 있으면 좋은 꽃이 피지 않는다.

생육 리듬에 맞추고 물주기를 조절한다

일반적으로 지생종은 물을 좋아하고 착생종은 그렇지 않다고 하고 있으나 기온이 높고 생육기에 들어가게 되면 물이 많이 필요해진다. 생육이 끝나면(밸브가 충실해진다) 물을 덜주고 물을 주는 간격을 넓히는 것이 원칙이다.

생육기의 물주기는 충분하게

생육기에 있는 줄기에 물을 줄 경우에는 충분하게 화분 밑바닥에서 물이 빠져나갈 때까지 준다. 그렇게 하므로서 화분 내의 공기도 바뀌어지고 화분 내의 노폐물도 빠져 나가게 되는 등 물 보급 외의 효과도 있다.

물주기 타이밍

물이끼에 심었을 경우에는 익숙하지 않을 때는 손가락으로 물줄기를 눌러 보기도 하여 건조 상태를 관찰한다. 지생종은 건조하기 시작하면 물을 주고 착생종은 건조한 후에 물을 주도록 한다.
KI6끝

휴면 중의 물주기

생육기가 끝나고 휴면하고 있을 동안은 전혀 물을 주지 않는 것도 있으나 보통은 시린지로 매일 주고 물이끼가 너무 마르지 않을 정도로 주고 지생종에는 이따금 물을 준다.

물을 주는 시각

맑은 날의 오전 일찌기 주도록 하고 추운 시기에는 저녁 때까지 물이 끊어지도록 한다. 여름의 더울 동안은 주간의 물주기는 절대로 금하고 저녁부터 밤 사이에 물을 주도록 하며 물의 보급 외에 더운 밤을 조금이라도 시원하게 보낼 수 있도록 한다.

개화중의 물주기

꽃에 물을 주게 되면 상한다. 시린지는 좋지만 물을 줄 때는 꽃을 피하고 주도록 한다. 또 카토레야의 잎 2개종이나 라카스티처럼 새잎이 똑바로 서고 피지 않고 있는, 통상 상태에 있을 때는 그 속에 물이 들어가지 않도록 물을 준다.

비료(肥料) 주는 방법

하이포넥스
분말 치비
판자형 치비
고형 치비

   양란은 일반적으로 다른 화초와는 달리 많이 주지 않는 것이 원칙이다. 비료를 주지 않아 말라 죽는 일은 없으나 많이 주어서 말라 죽는 일은 많다.
   비료에는 놓아 놓기만 하는 치비와 액비가 있어 보통 치비는 지효성이고 액비는 속효성이다. 양쪽을 병행하여 비료를 준다고 하는 것은 실로 어려운 일이다. 숙달될 때까지는 액비만으로 재배하는 것이 무난하다.

비료를 주는 시기
   비료는 생육에 필요한 영양원으로서 생육에 맞추어서 준다. 봄부터 여

치비는 낡은 밸브쪽에 놓는다

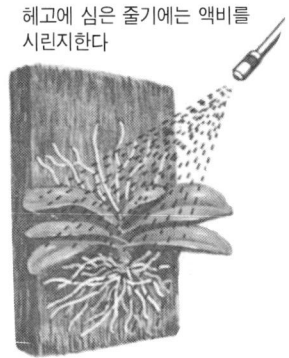
헤고에 심은 줄기에는 액비를 시린지한다

비료를 주는 시기 일람표

	2月	3月	4月	5月	6月	7月	8月	9月	10月	11月
액비										
치비	●			●						

름에 들어설 때까지 주고 한여름의 더운 시기에는 주지 않는다. 여름이 지난 가을 경에는 밸브가 완성되지 않고 있는 줄기에만 주고, 꽃봉오리가 나온 줄기에는 주지 않는다.

액비의 사용방법

액비는 화학비료가 많이 시판되고 있는데 일반적으로 사용되고 있는 것은 하이포넥스이다. 이것은 표준의 희석량은 천 배이지만 양란의 경우는 더욱 엷게 하여 2천 배 정도의 것을 사용하고, 생육기에는 한 달에 2~3회 물주기를 겸해서 준다. 그것보다 진할 때는 가볍게 물주기를 하고 난 후에 시비한다.

바스켓이나 헤고에의 액비

뿌리가 노출되고 있는 바스켓에 식부된 것이나 헤고에 식부한 줄기에는 충분히 물을 주어 뿌리가 물을 빨아먹은 후에 액비를 주지 않으면 진한 액비를 준 것과 같은 결과가 되므로 주의해야 한다.

잎에 살포할 때의 주의

액비는 화분 하나씩 밑줄기에 주는 것이 원칙이지만 잎에 살포해도 좋다. 그러나 물줄기처럼 신아 끝에 고이지 않도록 주의해야 한다.

치비(置肥)

깻묵이나 깻묵과 골분을 동량으로 혼합한 것이 많다. 치비는 천천히 효력이 나타나므로 필요한 시기보다 15~30일 일찌기 시비한다.

치비의 시비 방법

치비는 생장하고 있는 밸브라 반대쪽의 낡은 밸브쪽에 시비하는 것이 기본이다. 분량은 신비지움이나 도로비움은 카토레야에 비해서 약간 많이 시비한다. 15센티 화분의 신비지움은 메추리 알 크기로 2개, 카토레야는 한 개 정도 놓는 것이 표준이다.

옮겨 심기 · 줄기 가르기

옮겨 심기나 줄기 가르기는 아무래도 뿌리를 상하게 하니 필요할 때만 한다.

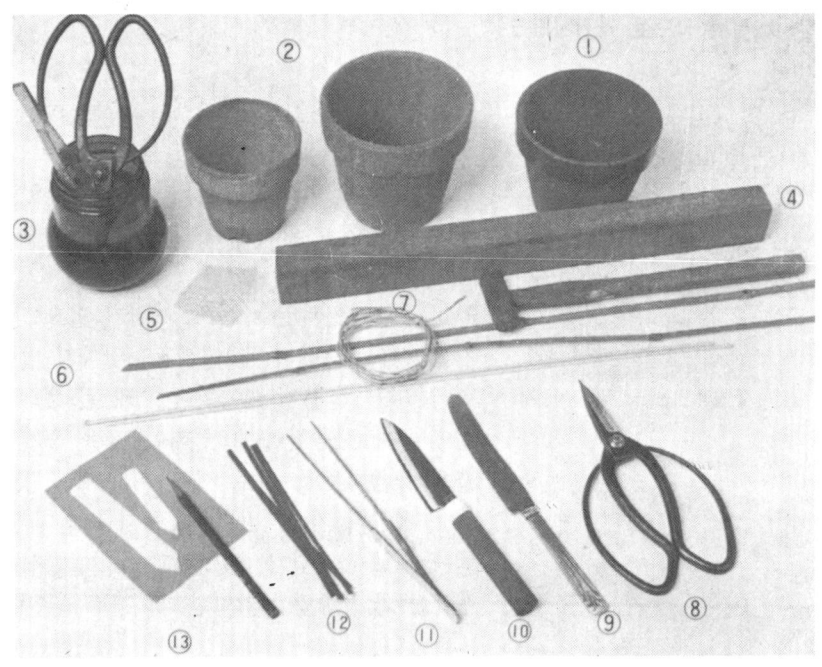

옮겨 심기에 쓰는 용구

옮겨 심기에 필요한 용구

① 단단하게 구운 화분, ② 약간 구운 화분: ①은 그다지 사용하지 않으나 지생종에 사용할 경우가 있다. ②는 통기성이 좋아 양란에 적합하며 착생종에는 ②를 사용한다.

③ 제3린산소다 5% 용액: 줄기를 자를 때 가위, 칼, 핀셋 등의 용구에서 윌르스병이 전염되는 것을 막기 위해서 용구를 용액 속에 5분 정도 담가 소독한다.

④ 망치 또는 각목: 뿌리가 뻗어 화분에서 빠지지 않을 경우 화분 위를 각목으로 두드리거나 망치로 화분을 깬다.

⑤ 사단망: 화분 구멍에서 활유 등의 침입을 방지하기 위해 화분 바닥에 깐다.

물이끼를 원상으로 복귀시키는 방법

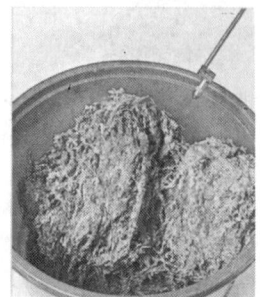

① 단단하게 눌려 있는 물이끼에 시린지 한다.

② 시린지를 마친 후 천천히 풀고 보드랍게 편다.

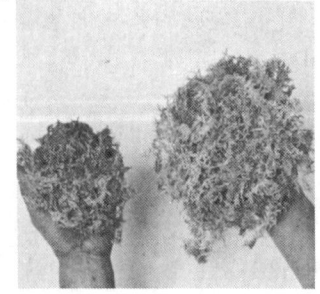

③ 꽉 쥐었다가(좌) 갑자기 펴면 넓게 퍼진다.

⑥ 지주,

⑦ 끈.

⑧ 가위: 줄기를 가르거나 늙은 뿌리를 절단한다.

⑨ 양식 나이프 줄기를 뺄 때는 날이 있는 쪽을, 물이끼를 화분에 넣을 때는 자루 부분을 사용한다.

⑩ 잘 드는 과일 나이프, 가위가 필요: 줄기를 가를 때 쓴다. ⑪ 핀세트: 밑줄기 밑에 끼어 있는 오래 된 물이끼나 오래 된 뿌리를 집어낼 때 사용한다. ⑫ 큐타이, 심은 줄기가 흩으러지는 것을 바로 잡기 위해 지주용에 굵은 철사나 가느다란 대와 줄기를 묶기 위해 끈으로 사용한다. ⑬ 연필과 래이블: 심은 후에는 꼭 품종명을 기입한 래이블을 붙인다.

물이끼를 원상으로 복귀시키는 방법

초보자에게는 실패가 적은 물이끼 식부가 좋다. 물이끼는 굵으면서도 길고 하얗게 건조되어 있는 것이 좋다.

건조된 것을 단단하게 밀어붙인 것을 팔고 있는데 그대로 사용하면 물을 흡수하지 않는다. 시린지를 이용하여 습기를 가지게 하고 부풀어 오른 다음에 사용한다. 물에 담가 흡수시키는 방법도 있으나 그렇게 하면 너무 물기가 많아서 잘 심을 수 없다. 너무 물기가 있을 때는 손으로 꽉 쥐었다가 손을 펴면 싹 퍼지는 상태가 되는데 그 상태가 제일 사용하기 좋다.

카토레야의 옮겨 심기

뿌리를 상하게 하는 줄기 가르기보다 될 수 있는대로 화분에 여유가 있도록 하는 것이 좋다. 커다란 줄기를 키워내고 훌륭한 꽃이 많이 필 수 있도록 권장한다.

옮겨 심기가 필요한 것은
뒤에 나오는 덴도로비움의 경우와 같다.

옮겨 심기를 하는 시기
(1) 밤에도 실내 온도가 15도 이상을 유지하고 있을 때.
(2) 새싹이 새뿌리가 발육하기 시작하여 1~2센티가 되었을 때.

옮겨 심기를 해서는 안될 때
시이드가 커졌을 때나 꽃이 피어 있을 때, 한여름의 더울 때, 온도가 낮을 때는 하지 않는다.

기본적인 옮겨 심기
① 화분에서 줄기를 빼낸다. 화분 가장자리를 따라 나이프를 미끄러지는 듯이 밀어넣고 자루 부분을 화분의 건너편 쪽으로 밀어 화분 안에 펴고 있는 뿌리를 화분에서 떨어지도록 한 다음 밸브를 쥐고 밑줄기를 빼낸다.
② 밑줄기를 가른다. 소독한 가위로 밑줄

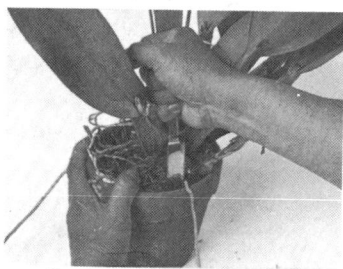
① 화분 가장자리에 나이프를 넣고 뿌리를 화분에서 떨어지게 한다.

② 소독한 가위로 줄기를 가른다.

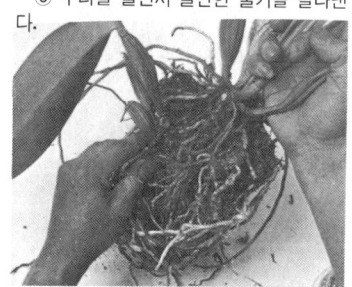
③ 뿌리를 풀면서 절단한 줄기를 갈라낸다.

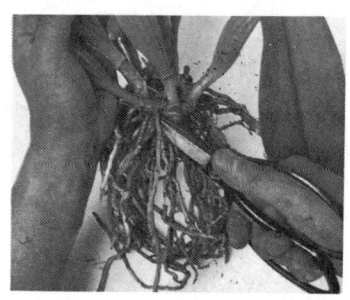
④ 낡은 뿌리를 깨끗이 제거한다.

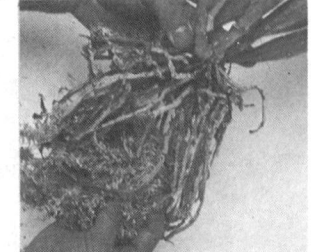
⑤ 뿌리 사이에 새 물이끼를 끼워 넣는다.

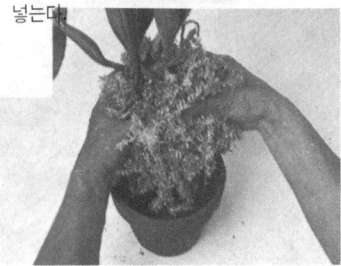
⑥ 주위를 물이끼로 싸고 화분에 밀어 넣는다.

⑦ 나이프로 밖으로 나와 있는 물이끼를 밀어 넣는다.

8 마무리. 새싹이 나오는 방향을 비워 놓는다.

기를 가르고 싶은 부분을 절단한다(이 경우에는 오래된 작은 밸브도 잘라서 버린다.)
③ 뿌리를 푼다. 오래된 물이끼나 시들은 오래된 뿌리를 제거하면서 뿌리를 조용히 풀고 잘라낸 부분의 밑줄기를 당겨 낸다.
④ 뿌리 청소. 낡은 뿌리는 가위로 깨끗이 짤라내고 밑줄기에 붙어 있는 낡은 물이끼 등은 핀셋으로 집어낸다.
⑤ 뿌리에 물이끼를 넣는다. 대부분의 물이끼가 상해 있을 때는 새로운 물이끼를 단단히 말고 뿌리의 중앙부에 끼어 넣는다.
⑥ 화분에 넣는다. 뿌리 전체를 싸듯이 하여 물이끼를 크게 감아 화분에 넣는다. 그때 새싹 방향에 손가락 두개 정도의 여유를 화분 가장자리에 두도록 한쪽으로 붙일 것.
⑦ 마무리를 한다. 밑줄기가 화분의 가장자리 높이보다 약간 낮게 되어 있으면 물이끼를 중앙부로 향해서 밀어 넣듯이 하여 밖으로 나온 물이끼를 넣으면서 높인다.

옮겨 심은 후의 관리
2주일 정도 시린지만 하고 있으면 곧 새뿌리가 나온다.

덴도르비움의 옮겨 심기

 덴도로비움(노빌타이프)은 아무래도 밑줄기의 중앙부분이 낡은 밸브가 되기 때문에 카토레야처럼 큰 줄기로 만들지 않는 것이 좋다.

옮겨 심기가 필요한 것은
 (1) 줄기가 화분에 꽉 차게 되어 다음 새싹이 화분 밖으로 나가게 될 경우에는 1회에 큰 화분으로 옮겨 심는다. (2) 줄기를 가르고 싶을 때(두 줄기로 하는 것이 좋다). (3) 물이끼가 상했을 때. 뿌리가 상하고 줄기가 약해졌을 때.

옮겨 심는 시기
 (1) 밤에도 실내 온도가 15도 이상을 유지하고 있을 때. (2) 꽃이 피고 난 후에(그때는 대체로 새싹이 자라기 시작하고 있다.). 다만 온실이 없을 경우에는 꽃이 피는 것이 늦기 때문에 4월중이 되고 아무래도 생육에 영향을 미치게 한다.

옮겨 심기
 ① 화분에 줄기가 꽉 찼을 때. 소형 품종이지만 그렇게 되면 줄기 가르기를 겸해서 옮겨 심기를 한다.
 ② 화분을 깬다. 나이프가 들어가지 않아

① 화분에 꽉 차서 새싹이 밖으로 나간 다.

② 화분에 조금씩 금이 갈 정도 깬다.

③ 뿌리를 잡고 가위로 근경을 끊는다.
④ 밸브를 잡고 좌우로 가른다.

⑤ 상한 낡은 물이끼를 제거한다.

⑥ 뿌리를 물이끼로 싸고 화분에 넣는다.

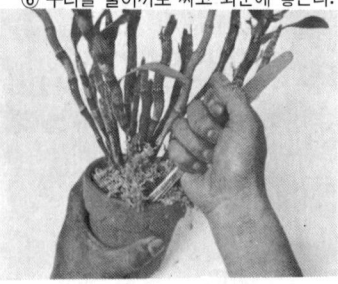
⑦ 나이프 자루로 밖으로 나온 물이끼를 안으로 넣는다.

⑧ 줄기가 옆으로 나간다면 끈으로 묶는다.

망치로 때려 금을 내면서 조금씩 꺼내면서 화분의 한쪽을 벗겨 간다.

③ 줄기 사이에 가위를 넣는다. 꽉 차있는 뿌리의 주위를 잡고 가위 끝으로 밸브를 헤치며 밑줄기를 두 개로 가를 수 있는 데를 찾아서 자른다.

④ 줄기를 가른다. 절단한 양쪽의 밸브를 잡고 좌우로 당기며 떨어져 나가게 한다. 뿌리는 다소 끊어지지만 어쩔 수 없다.

⑤ 낡은 물이끼를 제거한다. 검게 변색한 낡은 물이끼는 깨끗이 제거하고 상하지 않고 있는 하얀 물이끼는 제거하지 않고 그대로 둔다.

⑥ 화분에 넣는다. 뿌리 전체를 새로운 물이끼로 크게 싸서 화분에 밀어넣는다. 그때 가위로 절단한 쪽을 화분의 한쪽으로 붙이고 새싹쪽은 비워 놓는다.

⑦ 물이끼를 밀어넣고 마무리 짓는다. 나이프 자루로 밖으로 나온 물이끼를 안쪽으로 밀어 넣어 중앙부가 약간 높듯이 하고 깨끗이 끝낸다.

⑧ 끈으로 줄기를 결속시킨다. 줄기가 옆으로 나가고 있을 경우에는 끈으로 가볍게 묶는다.

옮겨 심기가 끝나면

날짜와 품종명을 쪽지에 기입하여 끼어놓고는 차광된 장소에 두고 2주일 정도 시린지만으로 보낸다.

덴드로비움의 높이 오른 싹 따기

덴드로비움은 관리를 잘하지 않았을 때는 꽃이 되어야 하는 싹이 엽아가 되어 밸브 위쪽에서 높이 오르는 싹이 되어 뻗어 나간다. 그 싹은 밸브에서 잘라내어 화분에 심어 소묘로서 늘리면 3년 정도 지나면 꽃이 핀다.

① 밸브에서 끊어낸다. 그림처럼 크게 자라서 뿌리도 5센티 정도 자랐을 때가 제일 좋다. 그 정도로 자라 있으면 밸브에 접한 곳을 나이프로 끊어 내는데 아직 잎이 2~3개의 경우에는 밸브를 한 마디만 붙인 체 자르고 밸브와 함께 식부한다.

② 뿌리를 물이끼로 싼다. 뿌리 사이에 물이끼를 넣고 주위를 다시 물이끼로 싸서 심는다.

③ 화분에 심어 넣는다. 옮겨 심을 때와 같은 요령으로 화분에 식부한다.

그와 같은 싹이 있으면 밸브에서 잘라 낸 쪽을 서로 마주보게 하고 줄기 두 개를 세우면 빨리 밸브가 몇 개씩 서는 줄기가 된다.

① 밸브에 붙어 있는 싹을 나이프로 자른다.

② 뿌리 사이에 물이끼를 넣고 주위를 물이끼로 싼다.
③ 옮겨 심기와 같은 요령으로 화분에 심는다.

옮겨 심기 전의 화분에 꽉 차 있는 밑줄기

신비지움의 줄기 가르기

신비지움은 양란 중에서도 대형이며 생육도 왕성하여 어느 정도의 줄기가 서게 되면 줄기 가르기가 필요해질 때가 많다. 크고 무겁기 때문에 약간의 노동은 필요하지만 줄기를 가르고도 곧 많은 줄기가 되어 보기에도 좋은 꽃이 핀다.

심을 때의 재료에 대해서

최근 신비지움은 화분 꽃으로서 대량으로 시판되고 있으며 프라스칙크 화분에는 가벼운 아주 작은 돌이 심어져 있는 것이 많다. 가볍고 아주 작

두 개로 가르고 화분에 심은 모습

은 돌 즉, 경석립은 물이끼보다 싸고 식부할 때의 시간 낭비가 없어 생산업자들은 그것을 많이 쓰고 있으나 초보자에게는 역시 관리상 다른 양란처럼 물이끼에 식부하는 것을 권장한다.

화분에 대해서

신비지움은 단단히 구운 화분이 좋으나 덴도로비움이나 카토레야와 같이 약간 구운 화분도 무방하다.

화분의 크기는 신비지움은 밸브가 둥글고 커지기 때문에 덴도로비움이나 카토레야의 경우보다 약간 큰 것을 준비하는 것이 좋다.

① 각목으로 두드리고 뿌리가 화분에서 떨어지도록 한다.

② 화분에서 빼낸 뿌리 상태

③ 밸브가 상하지 않도록 나이프를 댄다.

④ 뿌리와 물이끼를 자르고 젖힌다.

옮겨 심기가 필요한 것은

(1) 화분이 꽉 차고 다음 새싹이 화분 밖으로 나가게 될 때. (2) 줄기 가르기를 하고 싶을 때. (3) 물이끼가 상했을 때. (4) 뿌리가 상하고 줄기가 약해졌을 때.

옮겨 심기를 하는 시기

(1) 온실이 완비되어 있을 경우는 표준적인 시기에 개화하여 새싹도 자라기 때문에 2~3월에 할 수가 있다. (2) 불완전한 상황에서 월동할 경우에는 개화가 늦어지고 옮겨심기도 늦어진다. 꽃을 약간 일찌기 따낸다고 해도 4~5월 경에 옮겨 심기를 하게 되는데 관리를 잘하지 않으면 다음의 개화기에 꽃이 피지 않는다.

옮겨 심는 방법

① 화분에 뿌리가 꽉 차 있어 나이프가 들어가지 않을 때는 각목으로 화분 가장자리 위를 두드려 진동을 가하여 틈이 생기면 화분을 뺀다. 초벌 구이 화분은 망치로 깬다.

② 밑줄기를 잡고 화분에서 빼낸다. 뿌리가 화분내에 꽉 차 있기 때문에 물이끼는 거의 볼 수 없는 상태가 되어 있다.

③ 가위로는 갈라내지 못하기 때문에 소독을 한 예리한 나이프로 밸브와 밸브 사이에 대고 자른다.

④ 양쪽 밸브를 잡고 양쪽으로 벌리듯 하여 두 개로 갈라낸다.

⑤ 나이프로 닳은 뿌리나 오래되어 심과 껍데기가 떨어져 있는 뿌리, 오래되어 검게 변질한 물이끼 등을 깨끗이 제거한다.

⑥ 뿌리 사이에 새로운 물이끼를 넣고 다시 뿌리 주위를 물이끼로 크게 싼다.

⑦ 밑줄기의 절단한 면을 화분쪽에 가까이 하고 뿌리를 화분 속에 밀어 넣는다.

⑧ 나이프의 자루로 밖으로 나와 있는 물이끼를 중앙으로 밀 듯이 넣고 주위가 중앙보다 낮도록 하여 마무리 짓는다. 밸브의 밑부분이 물이끼 위에 타고 있는 듯이 보일 정도의 깊이로 심는다.

옮겨 심기를 마치면

카토레야나 덴도로비움과 같이 차광되어 있는 장소에 2주일 정도 두게 되는데 심비지움의 경우 식부했을 때의 물이끼의 습도가 유지되도록 물을 약간 적게 주는 것이 좋다.

⑤ 갈라내고 상한 뿌리와 낡은 물이끼를 제거한다.

⑥ 뿌리에 물이끼를 끼워넣는다.

⑦ 물이끼로 싼 뿌리를 화분에 넣는다.

⑧ 나이프로 밖으로 나온 물이끼를 밀어 넣는다.

바스켓에 심기

바스켓은 나무틀이라고도 부르고 있다. 잘 썩지 않는 티크재의 가는 각목으로 짜서 만든 것이다. 잘 썩지 않는 목재를 준비하고 자신이 만들어도 된다.

① 뿌리 사이에 물이끼를 끼워 넣는다.

바스켓 식부에 적합한 종류

통기성이 아주 좋기 때문에 착생종의 양란에 쓰고 있는데 그 중에서도 반다처럼 뿌리를 노출시키고 있는 품종이나 비교적 건조에 강하고 줄기를 옆으로 뻗어 나가면서 자라는 품종에 좋다. 카토레야의 원종이나 덴도로비움 외에도 치시스, 비프레나리아, 아네타, 곤고라 등이 적합하다.

② 새싹 방향을 비우고 밑줄기는 구석에 심는다.

관리의 포인트

매달아 사용하기 때문에 통기성이 좋아 잘 마른다. 품종에 따라 화분에 식부한 것보다 물주기를 자주 하거나 많이 줄 필요가 있다.

식부할 때의 주의 사항

㉠ 싹이 뻗어 나가는 쪽을 넓게 비워 놓는다. ㉡ 화분 조각이 오래된 것은 소독을 한 다음에 사용한다. ㉢ 식부한 줄기가 고착하지 않고 떠 있는 것처럼 되어 있을 때는 끈으로 묶고 바스켓과 연결하여 고정시킨다.

③ 비어 있는 곳에 화분 파편을 놓는다.

④ 화분 파편 위에 물이끼를 매우고 마무리 짓는다.

헤고에 심기

헤고는 열대·아열대산의 헤고시다의 밑줄기로서 단단하고 잘 썩지 않는 섬유질이 뭉쳐져 있다. 판자처럼 되어 있는 헤고판이나 각목처럼 되어 있는 헤고봉 등에 뿌리를 부착시켜 재배한다.

① 뿌리와 헤고판 사이에 약간의 물이끼를 끼우고 헤고판에 댄다.

헤고에 접합한 양란

통기성이 좋아서 바스켓보다 건조되기 쉽다. 그러므로 덴도로비움이나 브라사보라, 반다의 종류, 에피덴드람 등이 적합하다.

진을 빼내고 사용한다.

헤고를 구입하여 바로 사용하면 새 뿌리가 뻗어나가다가 헤고에 닿아 거기서 뿌리의 성장이 중단되는 일이 있다. 그래서 반년 이상 밖에 내놓고 비를 맞게 하거나 급할 때는 뜨거운 물에 삶아 물로 씻어 진을 빼낸(적다색의 물이 나온다.) 다음 사용하는 것이 좋다.

② 밑줄기 부분에 약간의 물이끼를 대고 내려가지 않도록 비닐끈으로 묶는다.

③ 헤고봉을 지주로 하고 심은 안그레캄의 일종, 뿌리가 부착할 때까지 중간을 끈으로 묶어 놓는다.

관리상의 포인트

물주기에 가장 세심한 주의가 요청된다. 매달려 수직으로 서 있는 상태이기 때문에 잘 건조되고 거기다 수직으로 있기 때문에 물을 주어도 표면에서 흘러 내려간다. 모든 줄기에 물을 주고 나서도 다시 한 번 주는 등 많은 물을 주고 헤고의 지주에는 충분히 물을 준다.

양란(洋蘭)의 병과 해충

양란은 비교적 건강하며 병에 잘 걸리지 않는다. 그런데도 병에 걸리면 낫지 않는 경우가 있고 나아도 본래의 모습을 되찾지 못한다.

병에는 예방이 제일이며 예방을 위해서는 건강한 줄기로 키워야 하며 병이 발생하지 않도록 환경을 깨끗이 해 놓아야 한다.

거기에는 환기와 통기를 좋게 하고 허용되는 범위 내에서 충분히 일광욕을 시키고 과습을 피하고 과도한 시비를 하지 않도록 주의해야 한다.

병이 발생했을 때는 빨리 적절한 살균제를 살포하고 피해를 최소한으로 막아야 한다.

해충도 그다지 많지는 않다. 병에 비하면 발견하기 쉽고 판단도 내리기 쉽다. 이것 역시 빨리 적절한 살충제를 이용하여 해충을 퇴치하지 않으면 피해가 커진다.

주된 병과 해충

윌스병(바이러스병)-신비지움이나 덴도로비움에서는 잎에 붓이 스친 듯한 하얀 무늬같은 것이 나타나다가 검게 변색한다. 카토레야 등에서는 꽃에 하얀 줄무늬 같은 것이 나오게 되어 그때 비로소 알게 되는 발견하기 어려운 병이다. 현재로서는 완치시킬 약이 없기 때문에 전염을 예방하기 위해서 소중한 것이라 해도 불에 태워 없앤다. 감염한 줄기에 사용했던 가위, 핀셋 등의 용구에서 전염되는 일이 많으므로 용구는 잘 소독된 것을 사용해야 한다.

연부병-고온 다습기(장마철)에 많이 발생한다. 파피오페디룸에 많이 발생되는데 줄기에서 잎이 나와 있는 부분이 암록색으로 변하고 말랑말랑하게 힘이 없어지면서 잎이 떨어진다. 카토레야나 덴도로비움의 새 밸브에 발생하면 중간에서 부러진다. 스트렙토마이신계의 농약(아그렙트바이신)을 살포하고 얼마 동안 약간 건조한 상태로 관리한다.

흑점병-저온 다습시에 보드라운 잎에 발생하여 작은 흑점이 생기고 차

패충이 붙은 카토레야

잎마름병

진드기가 붙은 덴도로비움

연부병

활유가 뜯어먹은 카토레야의 꽃

햇볕에 덴 카토레야의 잎

즘 커진다. 지네브제(다이센, 오소사이드, 벤레트 등)를 살포한다.

잎마름병-흑점병과 같은 조건에서 발생하는 병이며 잎 끝부터 마르기 시작한다. 다이센 등을 살포한다.

패각충-여기에는 몇 종류가 있어 밸브의 밑부분이나 얇은 껍질 속이나 잎 이면에 기생한다. 일년을 통해서 발생하며 잎이나 밸브의 색깔이 변한다. 안치오, 올토란 등으로 방제한다.

잎진드기-건조상태가 계속되면 발생하여 잎이 하얗게 변한다 아칼을 사로한다.

활유-낮에는 숨어 있다가 밤이 되면 활동을 시작하여 새싹, 새뿌리, 봉오리, 꽃 등을 갉아 먹는다. 밤에 활동을 시작할 때 보고 있다가 잡아 죽이거나 나멕크스, 나메킬 등의 약제를 얕은 용기에 조금씩 넣어 근처 여기 저기에 두면 구제할 수 있다. 화분에 약제를 두어도 좋지만 습기로 인해 곧 효력이 없어진다.

병으로 오인하기 쉬운 잎의 상처

갑자기 강한 일광을 받게 되거나 여름의 강한 광선을 받게 되면 잎이 데는 상처를 입게 된다. 다색으로 변한다. 이것은 생리장해이기 때문에 약으로 고칠 수가 없다.

농약 사용에는 설명서를 엄수

농약은 지나치게 엷게 쓰면 효력이 없으나 진한 것이 효력이 있다고 생각하여 살포하면 약해를 일으키고 줄기를 상하게 한다. 꼭 설명서대로 약하게 하고 사용방법을 지켜야 한다. 또 온도가 높을 때 사용하면 약해를 일으킬 경우도 있으니 아침 저녁 또는 흐린 날에 살포한다.

농약은 1주일 간격으로 2~3회 계속해서 살포하는데 발생하기 쉬운 시기를 보아 사전에 살포해 놓으면 효과적이다.

|판 권|
|소 유|

난/蘭 동양란 서양란

인쇄일/2005년 1월 10일
발행일/2005년 1월 20일

편　　자 : 편 집 부
발 행 자 : 김 종 진
발 행 처 : 은 광 사

등록일자 : 1980. 1. 22
등록번호 : 제 1 - 345호
주　　소 : 서울 중랑구 망우동 503-11호

전　　화 : 763 - 1258, 764 - 1258

＊잘못된 책은 교환해 드립니다.

값 8,000원